Jens Rupp

Meine dritte Klavierschule!

Der leichte Weg zum fortgeschrittenen Klavierspiel

Für Kinder, Jugendliche & Erwachsene

artist ahead

4. Auflage 04/23

ISBN: 978 3 86642 133 2

Umschlagentwurf: Ron Marsman
Notensatz: Jens Rupp, Hans-Jörg Fischer
Layout: Regina Fischer-Kleist

Hergestellt in der EU

artist ahead GmbH · Wiesenstraße 2-6 · 69190 Walldorf · Germany
info@artist-ahead.de · www.artist-ahead.de

Vorwort

In der dritten Klavierschule wird das bereits Erlernte weiter vertieft, sowie die spielerischen Fähigkeiten und das theoretische Wissen im klassischen und modernen Bereich erweitert.
Es werden die Tonarten Es-Dur, C-Moll und A-Dur oder der stumme Fingerwechsel, die Vierteltriole, weitere Verzierungen, Akkorde, die Dur-Pentatonik, die Rhythmik des Swing und andere wichtige Elemente der Musik erlernt.
Die Lern- und Spielstücke sind in diesem fortgeschrittenen Bereich des Klavierspiels musikalisch ansprechend und daher besonders motivierend.
Mit der dritten Klavierschule erreicht der motivierte Pianist und die motivierte Pianistin das Niveau um in großer Vielfalt musizieren zu können. Das wird schon beim Spielen der ersten Stücke deutlich.
„Meine dritte Klavierschule!“ enthält Musik aus verschiedenen Stilrichtungen: Romantisch moderne Stücke die an Filmmusik erinnern, klassische Stücke von Bach, Mozart und Tschaikowsky, Rock- und Bluesstücke, Boogie-Woogie und Jazz.
Die Spieltechniken und die Harmonielehre werden ausführlich vermittelt, um weitere Zusammenhänge und grundlegendes Wissen in der Musik zu erlernen. Dabei helfen auch Abbildungen und Griffbilder, welche die Orientierung erleichtern.

Wir wünschen viel Freude beim Lernen und Spielen!
Jens Rupp und der Artist Ahead Musikverlag

Download der Hörbeispiele

Rufen Sie die Seite **www.artist-ahead-download.de** in ihrem Browser auf. Klicken Sie auf den entsprechenden Downloadbutton **„Meine dritte Klavierschule“** und geben Sie dort die folgenden Zugangsdaten ein.

Benutzer: Klavier3
Passwort: dritte

Hier haben Sie jetzt verschiedene Optionen sich die **Hörbeispiele** herunterzuladen, zu speichern oder auf CD zu brennen.
Mit Hilfe der entsprechenden **QR-Codes** gelangen Sie einfach und unkompliziert direkt zu den jeweiligen Hörbeispielen. Geben Sie auch hier zunächst **Benutzer** und **Passwort** ein.
Eine **Audio-CD** mit allen Titeln zu diesem Buch gibt es ausschließlich und nur in unserem Onlineshop auf **www.artist-ahead.de**

Inhaltsverzeichnis

Erste Spielstücke

Nachdem wir in den ersten beiden Klavierschulen die wichtigsten Grundlagen des Klavierspiels gelernt und erweitert haben, beginnen wir hier mit zwei Spielstücken in der Tonart A-Moll.
Das Über- und Untersetzen, sowie der Fingerwechsel auf gleicher Taste werden in der dritten Klavierschule nicht mehr mit einem Kreis und einem Quadrat gekennzeichnet.
Mit dem nächsten Stück wiederholen wir die Sechzehntel-Noten. Achte auf die unterschiedlichen Lautstärkezeichen!

01

Once Upon A Time

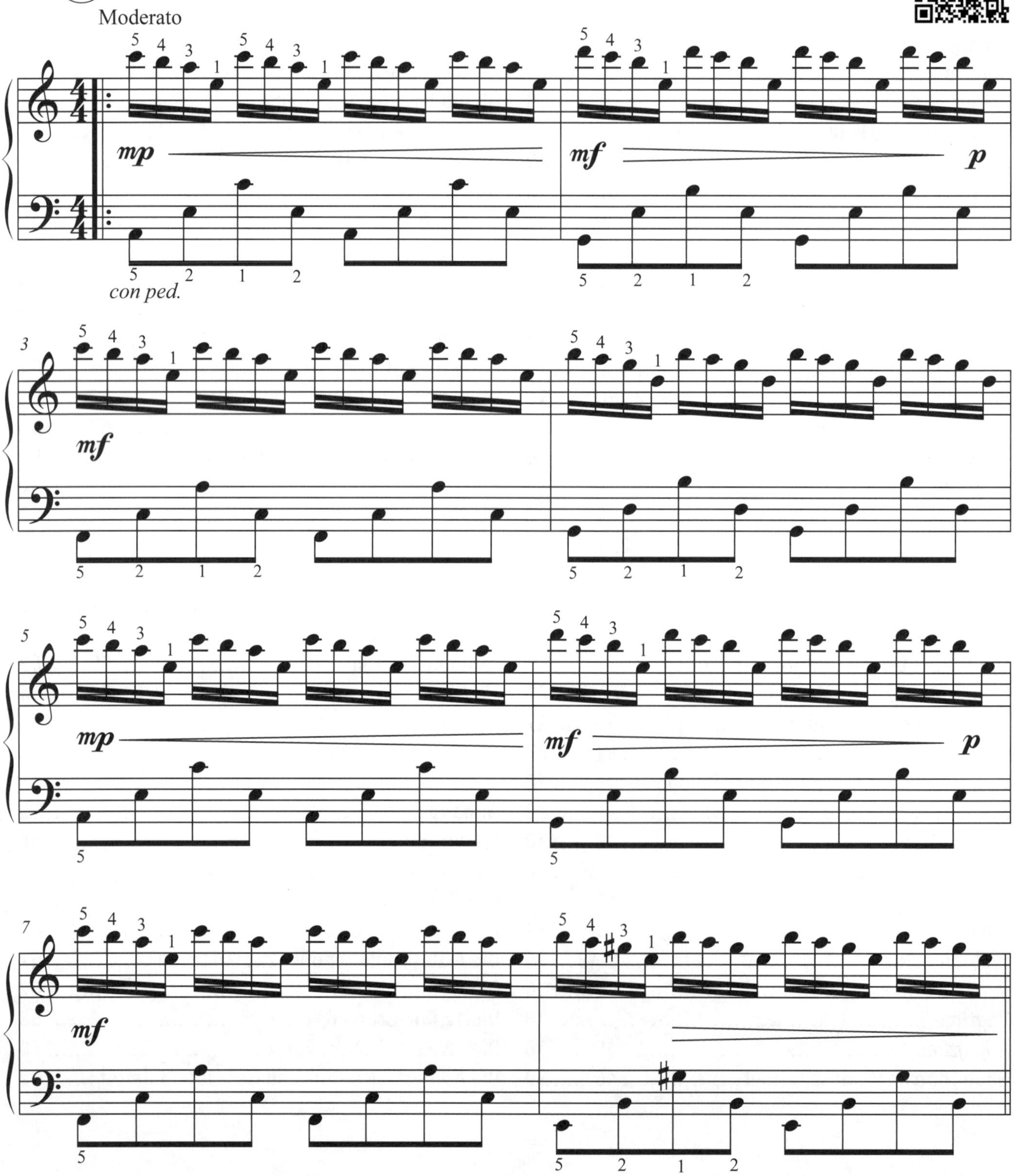

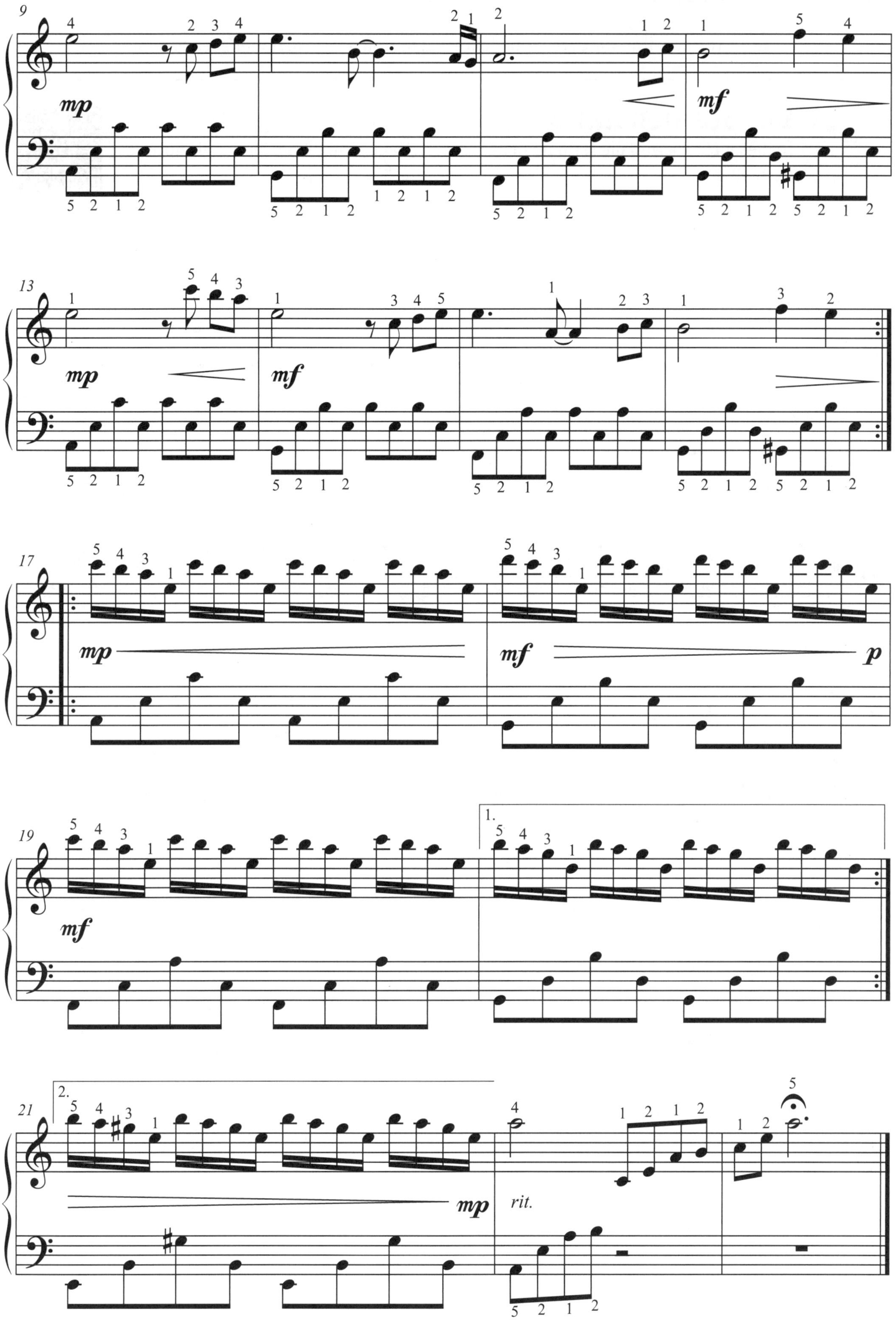
9
mp
mf
13
17
19
1.
2.
21
rit.

8va (ottava, ital. für Oktave) bedeutet: Spiele eine Oktave höher als notiert!

02

Der Sternenstaub

In diesem Stück wird die Melodie in der rechten Hand eine Oktave höher als notiert gespielt.

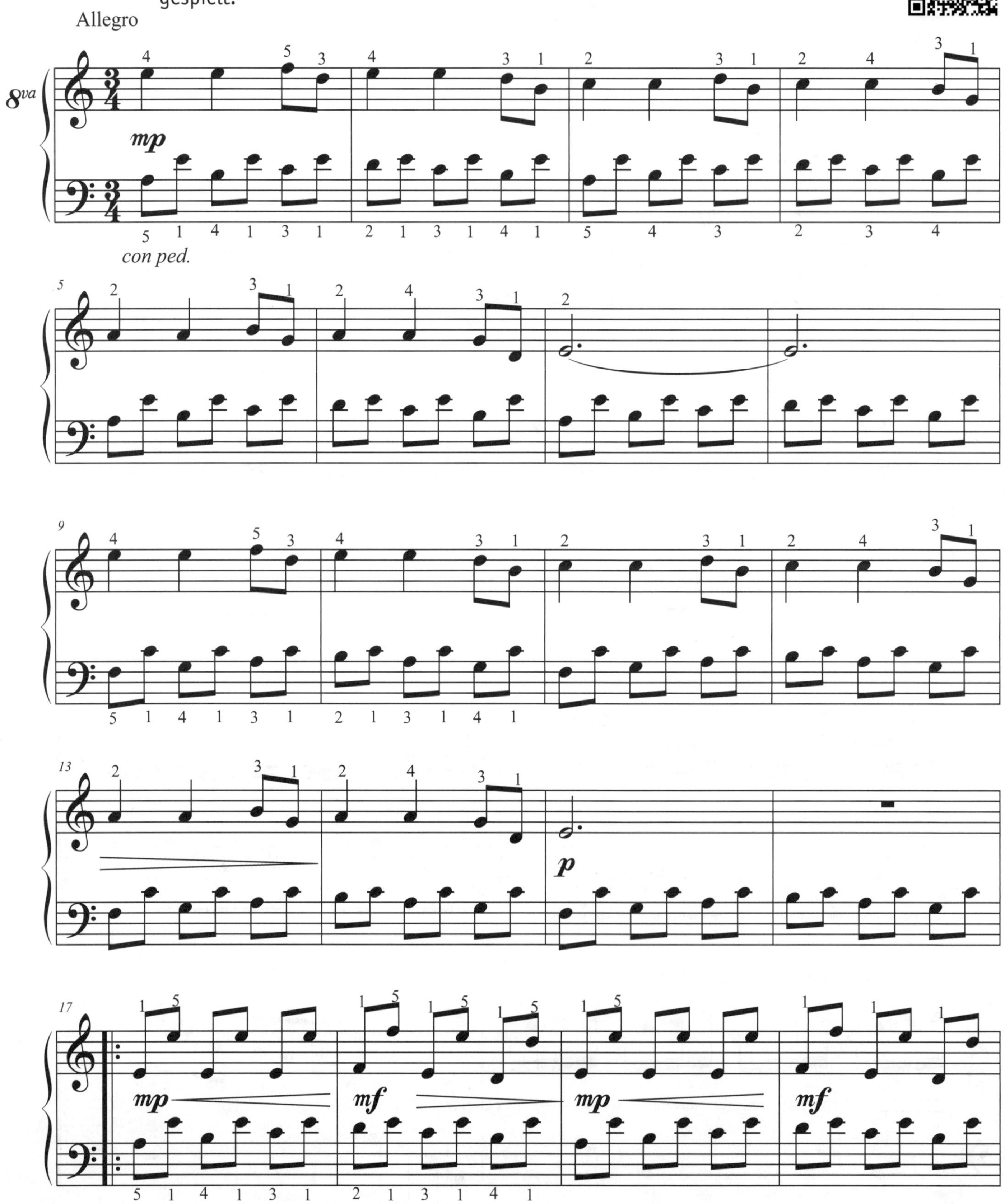

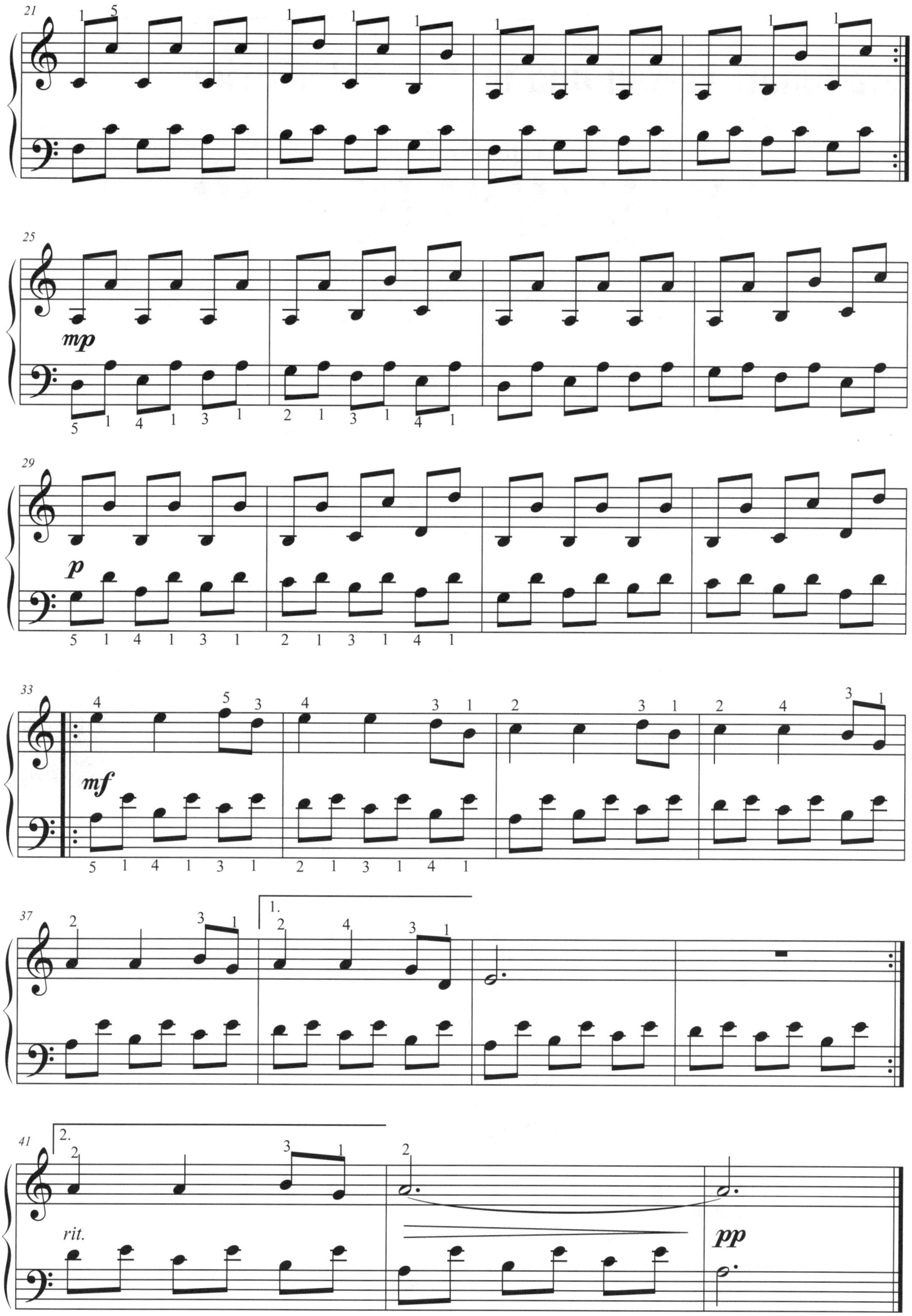
mp
p
mf
1.
2.
rit.
pp

Die Tonart Es-Dur und ihre Grundposition

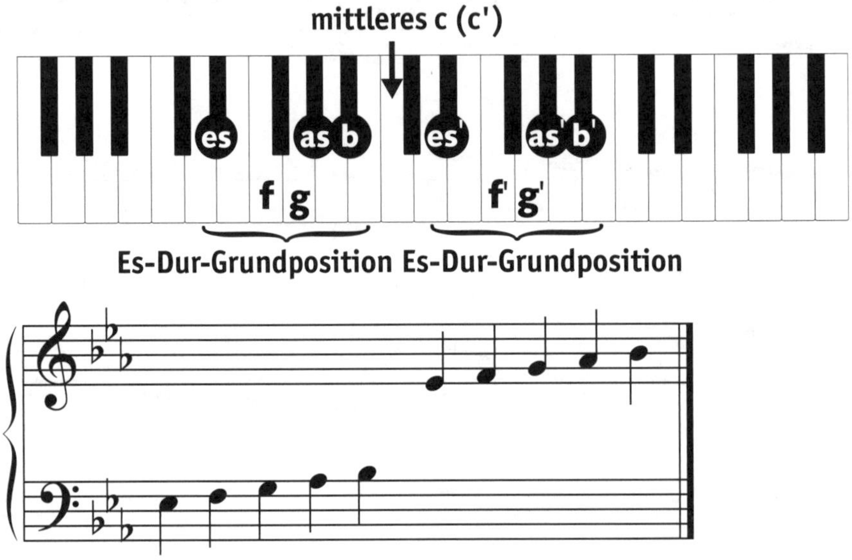

Vorzeichen der Es-Dur Tonart
Die Tonart Es-Dur hat drei b-Vorzeichen, **h** wird zu **b**, **e** wird zu **es** und das **a** zu **as**.

In der Es-Dur Grundposition beginnt die rechte Hand mit dem 2. Finger und nicht mit dem Daumen.
In der linken Hand kann in der Grundposition noch der bisher übliche Fingersatz benutzt werden.

03

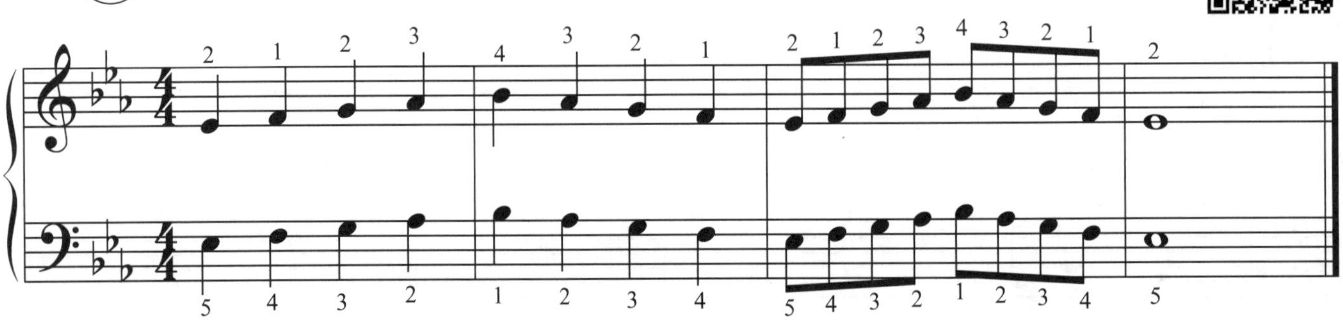

Es-Dur-Akkord

04-1

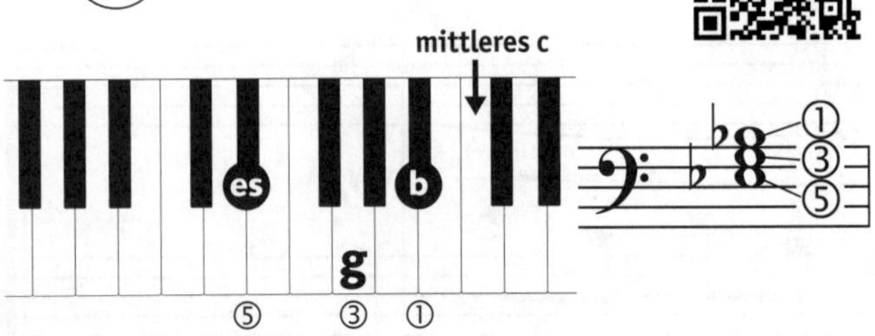

B⁷-Akkord 1. Umkehrung

04-2

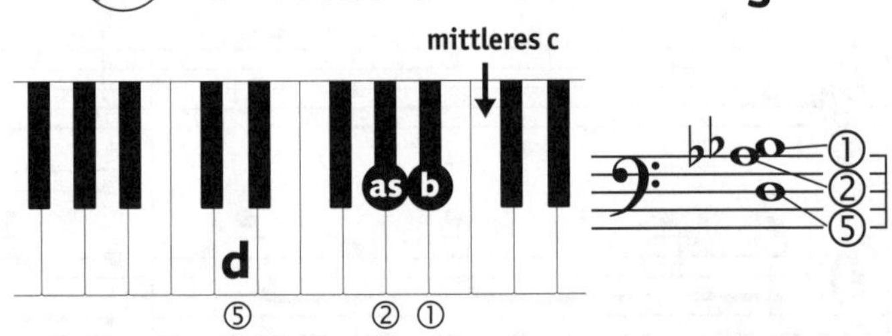

05 Übung mit den Akkorden Es-Dur und B⁷

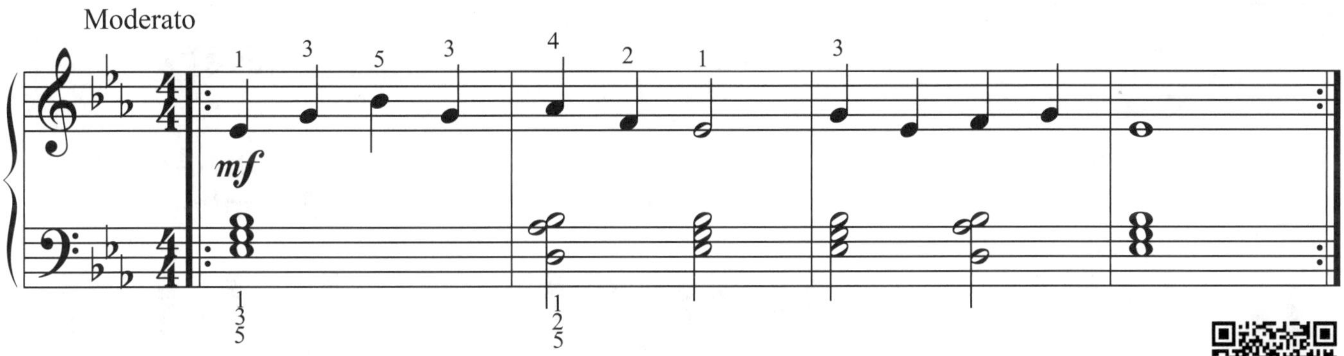

06 Spiel mit dem b, es und as

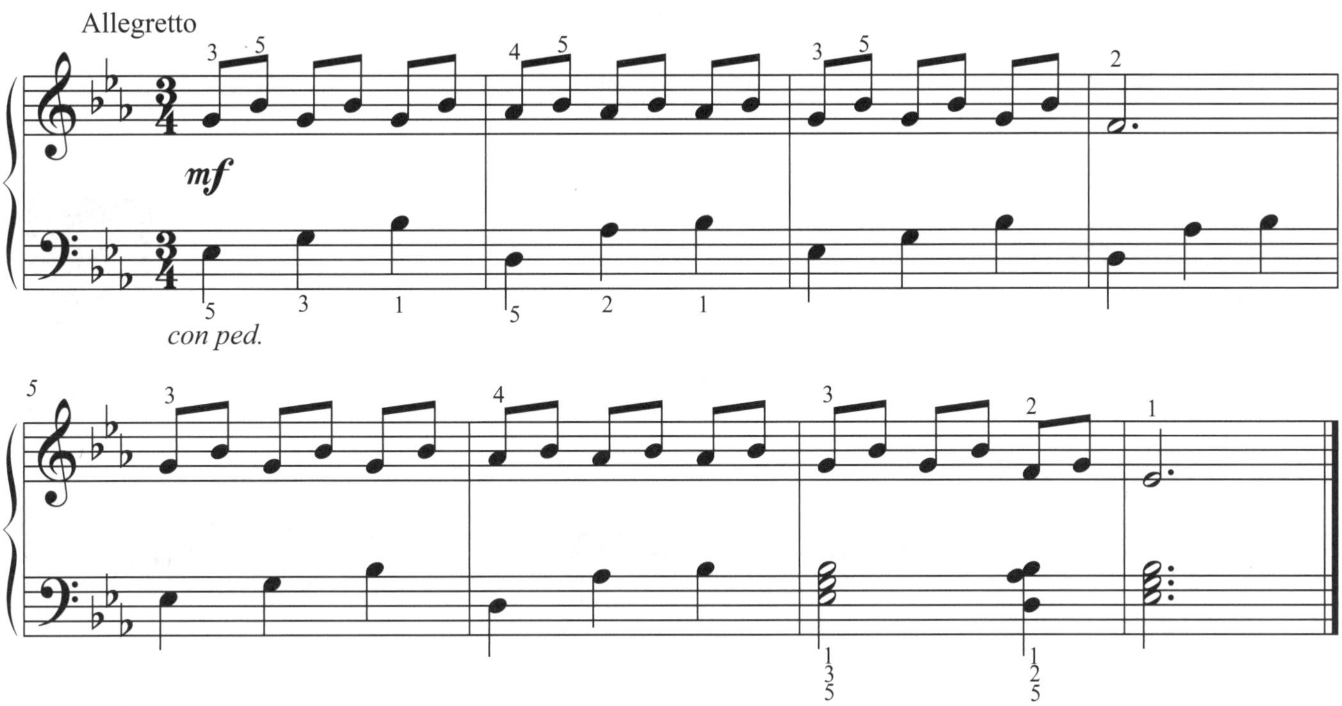

Die Töne der rechten Hand werden mit dem neuen Fingersatz gespielt. Die linke Hand spielt die Es-Dur-Tonleiter mit dem gleichen Fingersatz, den wir für die B-Dur-Tonleiter schon gelernt haben.

07 Die Es-Dur-Tonleiter

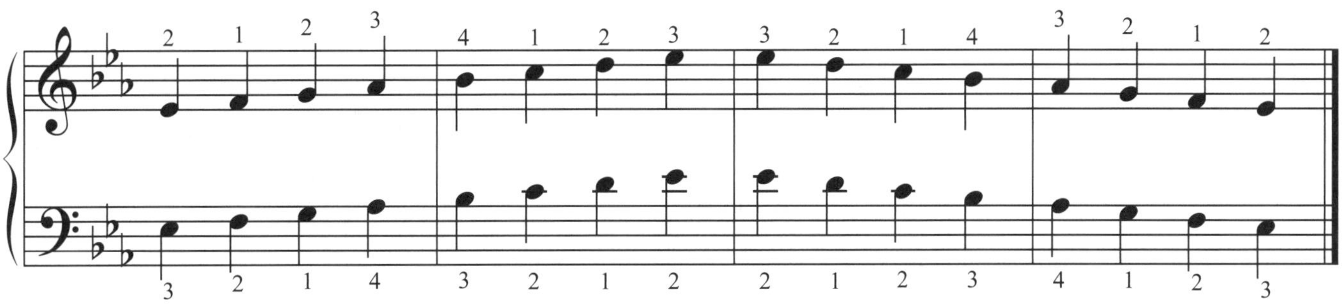

Nun lernen wir noch zwei weitere Akkorde der Tonart Es-Dur kennen, den B-Dur-Akkord in der ersten Umkehrung und den As-Dur-Akkord in der zweiten Umkehrung.

08-1

Es-Dur-Akkord

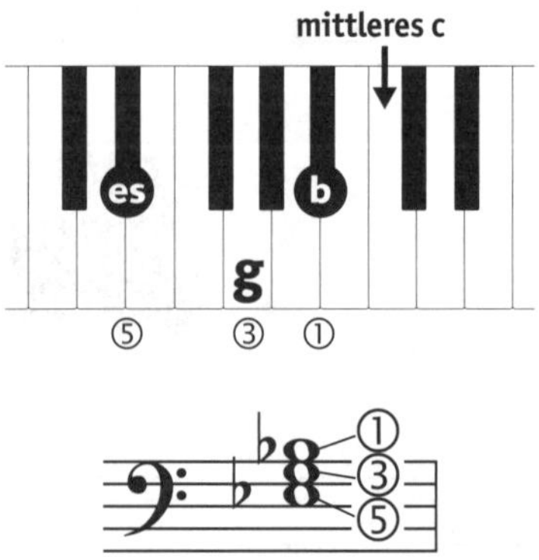

08-2

B-Dur-Akkord 1. Umkehrung

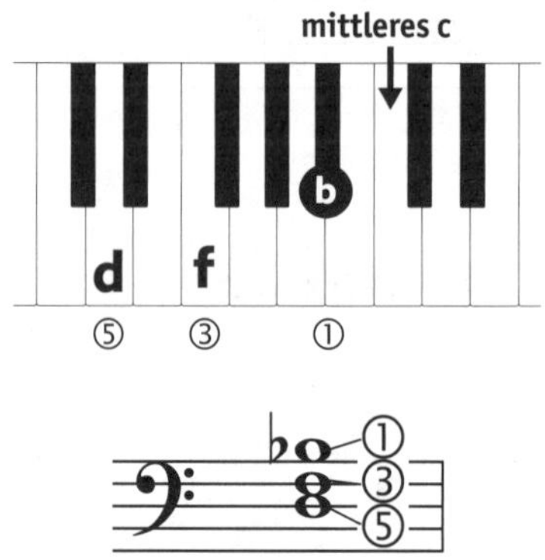

08-3

As-Dur-Akkord 2. Umkehrung

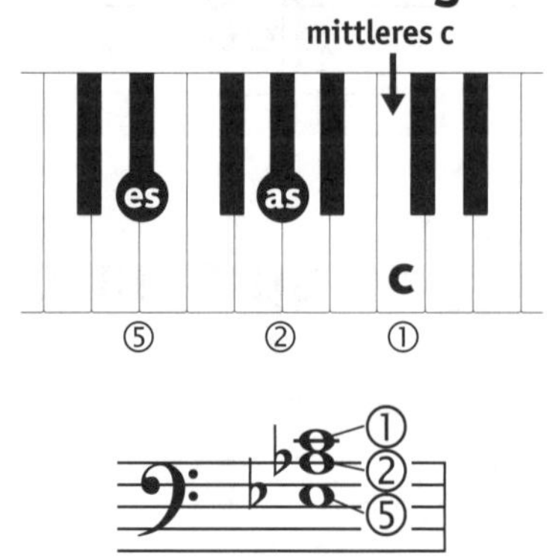

09

Waiting

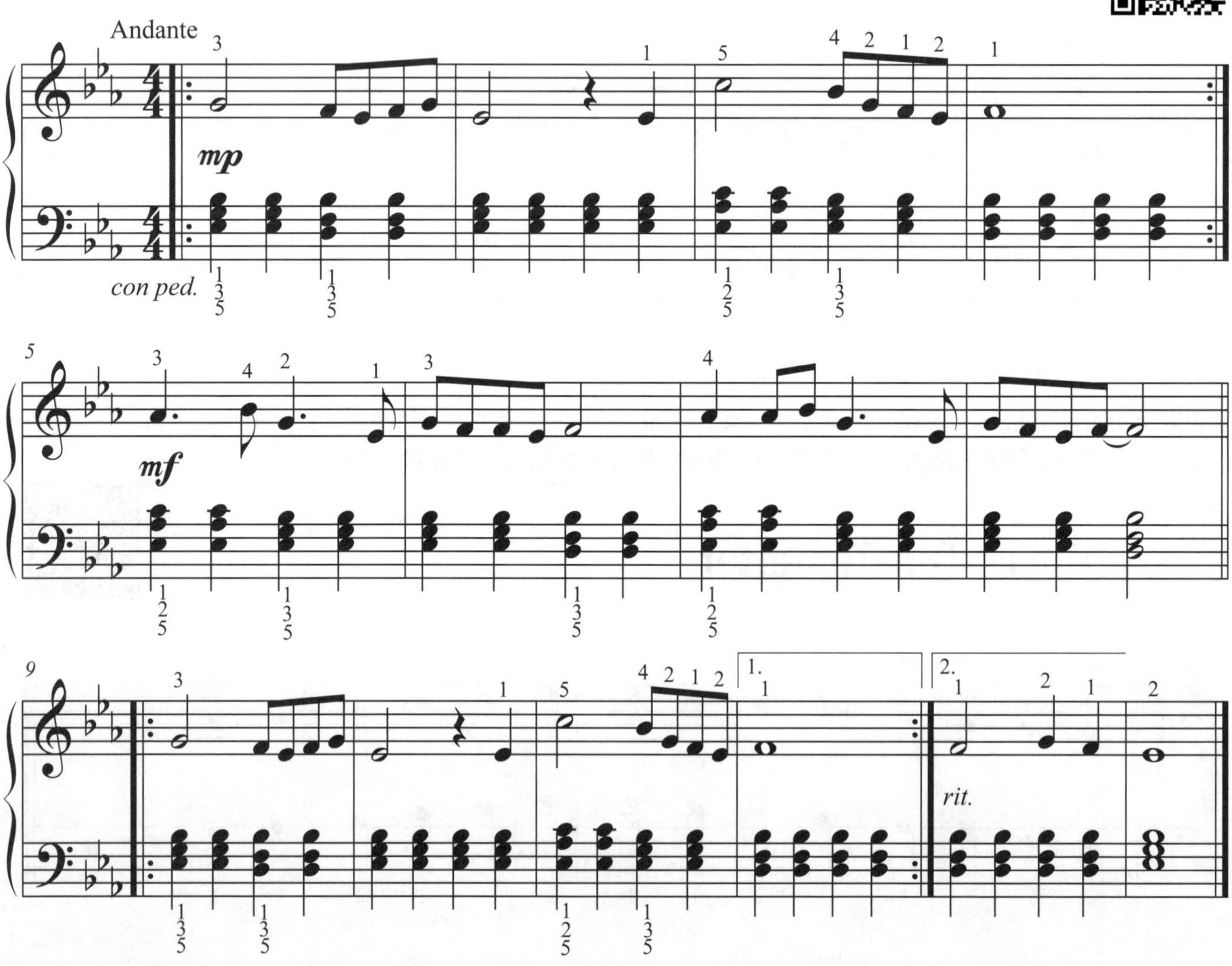

Der stumme Fingerwechsel

Wenn man einen Finger mit einem anderen Finger auf der gleichen Taste tauscht, ohne den Ton dabei hörbar anzuschlagen, dann spricht man von einem stummen Fingerwechsel. Der stumme Fingerwechsel erleichtert die gebundene Spielweise von Tönen welche etwas weiter voneinander entfernt sind. Dabei hält der zunächst benutzte Finger den Ton so lange aus, bis der Ton von einem anderen Finger übernommen wird. Dadurch können höher oder tiefer liegende Töne erreicht und gebunden gespielt werden.

10

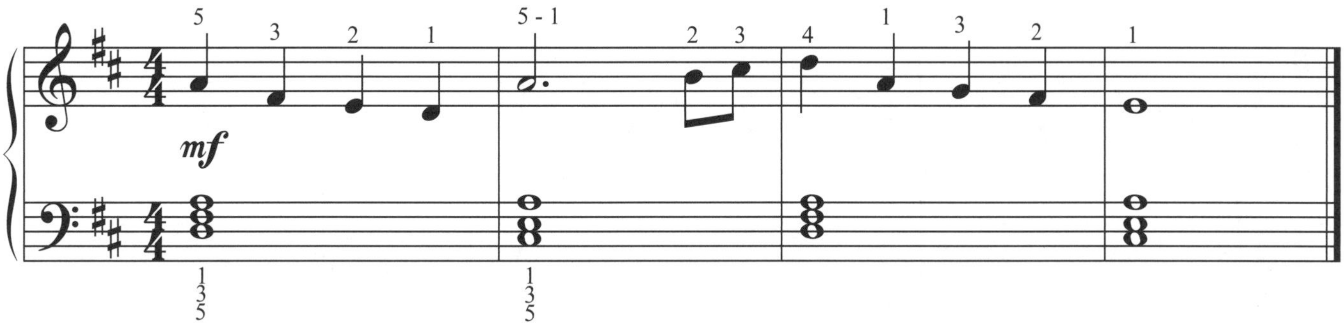

11

Frühlingsanfang

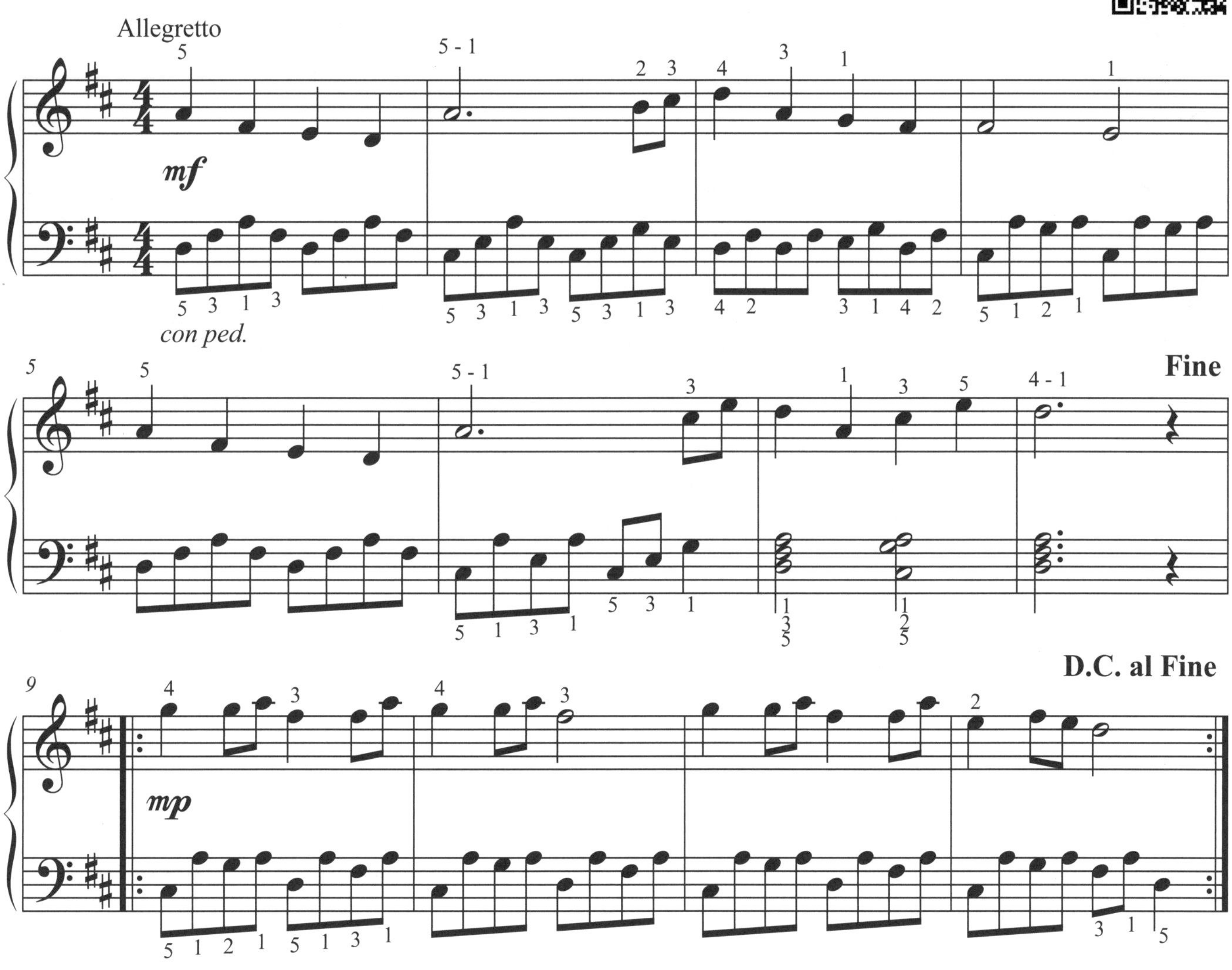

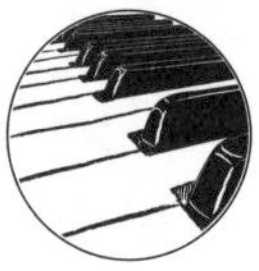

Die Akkorde und die Rhythmik des nächsten Stücks wurden schon im Stück ***Rockzeit*** in **„Meine zweite Klavierschule“** erlernt.
Bei dieser Variante werden im Bass neue Töne hinzugefügt, die das Ganze noch wesentlich spannender gestalten.

12

Rockzeit No. 2

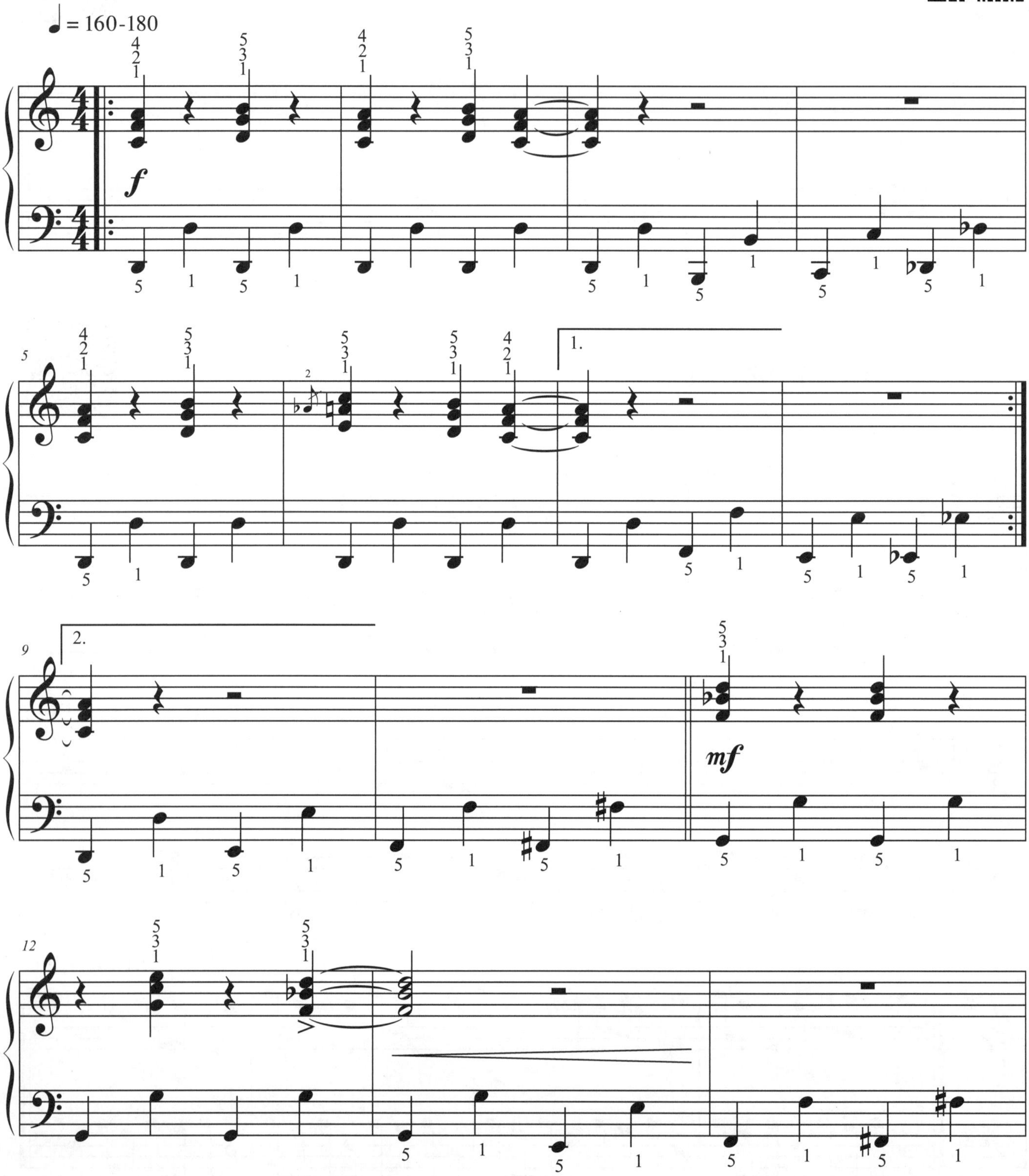

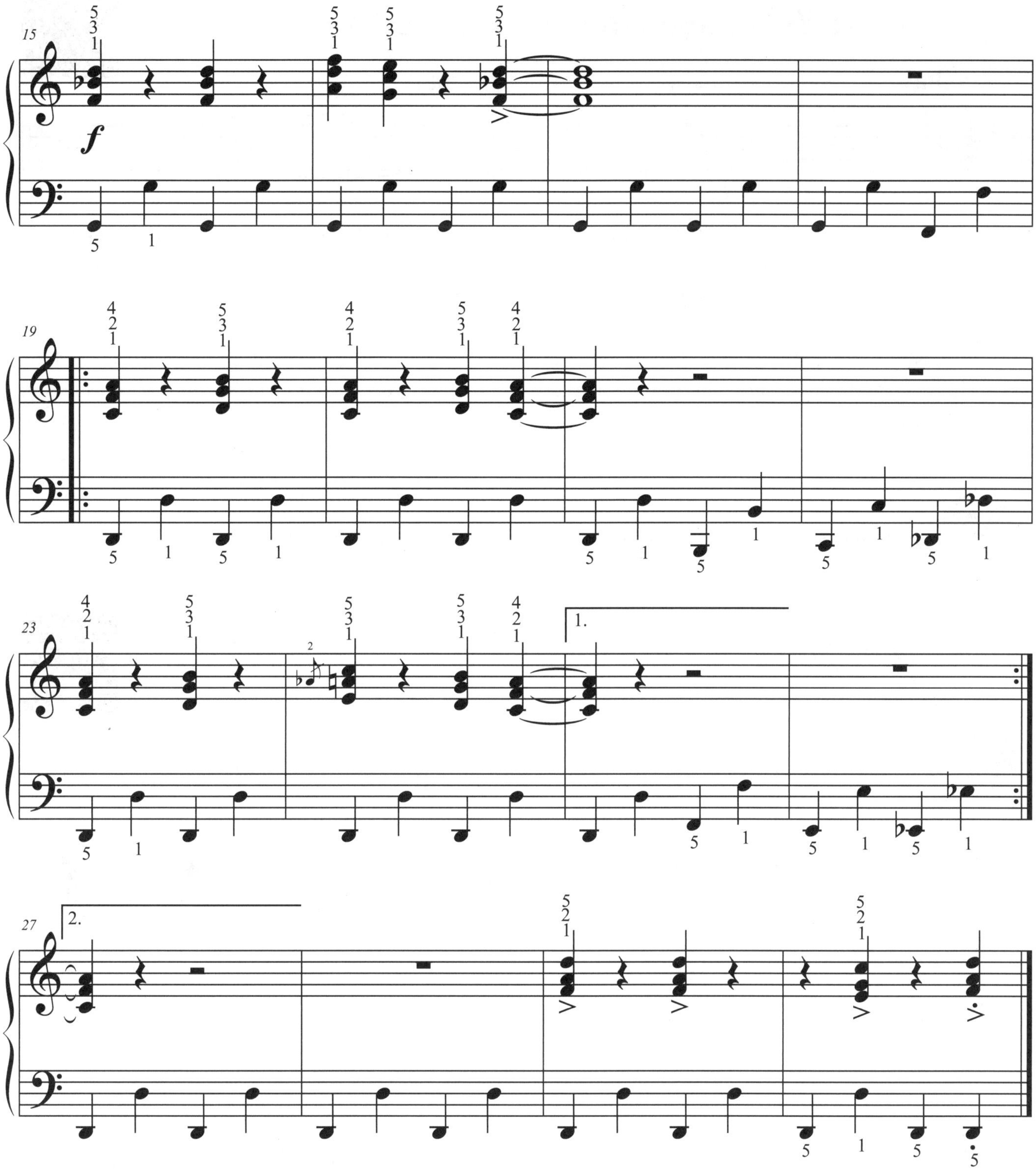

13 Die II-V-I Kadenz in der Tonart C-Dur

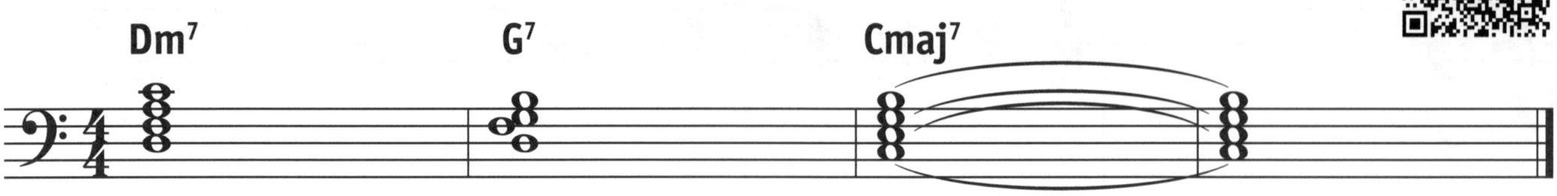

Die Akkordfolge mit dem zweiten, fünften und ersten Akkord einer Dur-Tonart wird als II-V-I (sprich: 2-5-1) Kadenz bezeichnet. Diese Akkordfolge wird häufig beim Spielen von eingängigen Jazz-Standards und Melodien der Filmmusik gespielt, zum Beispiel ***Moon River*** oder ***Over The Rainbow***.

In C-Dur besteht die Akkordfolge II-V-I aus den Akkorden D-Moll, G-Dur und C-Dur. In dieser Form wird die Akkordfolge auch in klassischer Musik benutzt. Diese Akkorde können zu den Vierklängen Dm^7, G^7, $Cmajor^7$ erweitert werden.

Im folgenden Stück ***Love Song*** wird diese II-V-I Kadenz angewendet.

14 Love Song

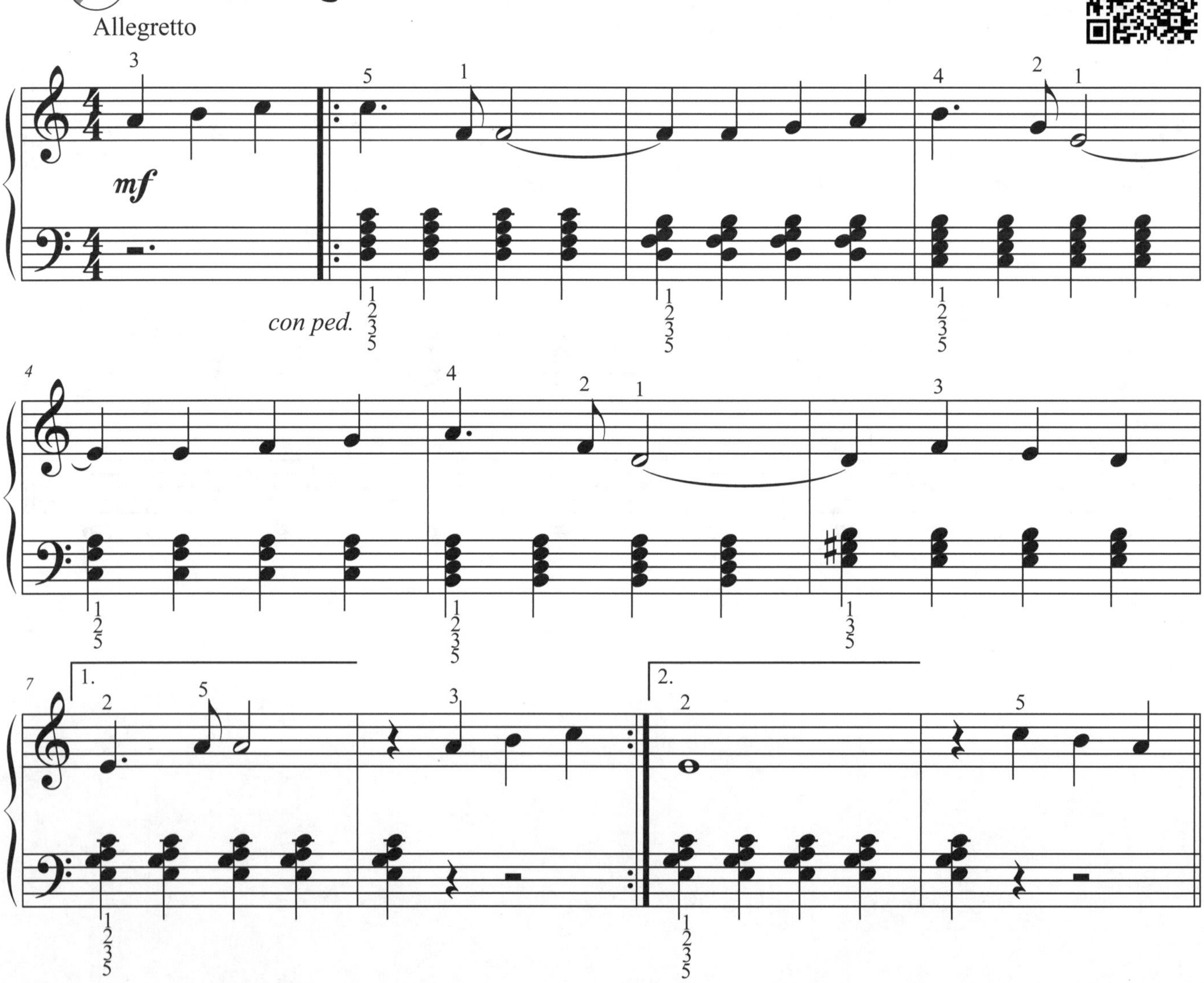

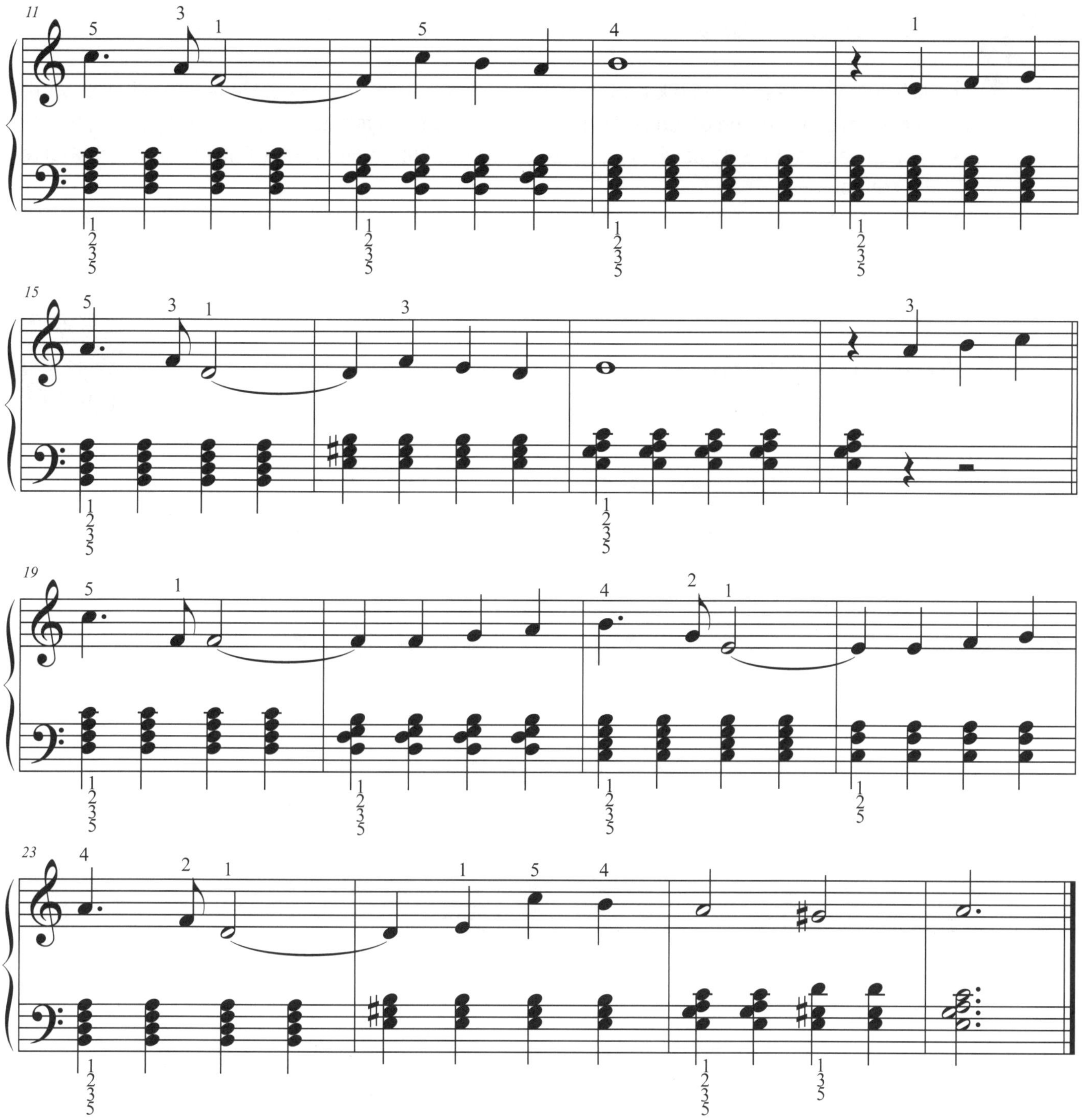

Akkorde zu Love Song

15

Den Akkorden Dm^7, G^7 und Cmaj^7 folgen die Akkorde F-Dur in der 2. Umkehrung, ein Hm$^{7\flat5}$, ein E-Dur-Grundakkord und ein Am^7 in der 2. Umkehrung.

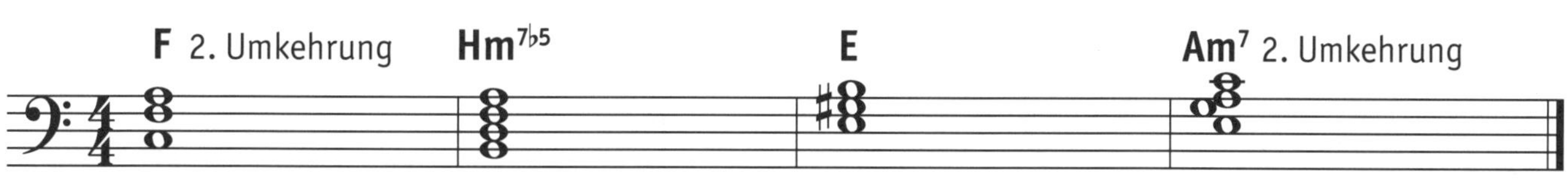

Das nächste Stück ***Andante Grazioso*** ist von Wolfgang Amadeus Mozart.

- Achte darauf, dass in den Takten 4 und 12 die Achtelnote **a'** mit dem 2. Finger ausgehalten wird.
- Die Sechzehntelnoten **d''** und **c''** werden währenddessen mit dem 5. und 4. Finger gespielt.
- In den Takten 9 bis 11 sowie 13 und 14 spielt der kleine Finger der linken Hand punktierte Viertelnoten.
- Achte darauf, diese punktierten Viertelnoten auch wirklich mit der Länge von drei Achtelnoten zu spielen.

16

Andante Grazioso

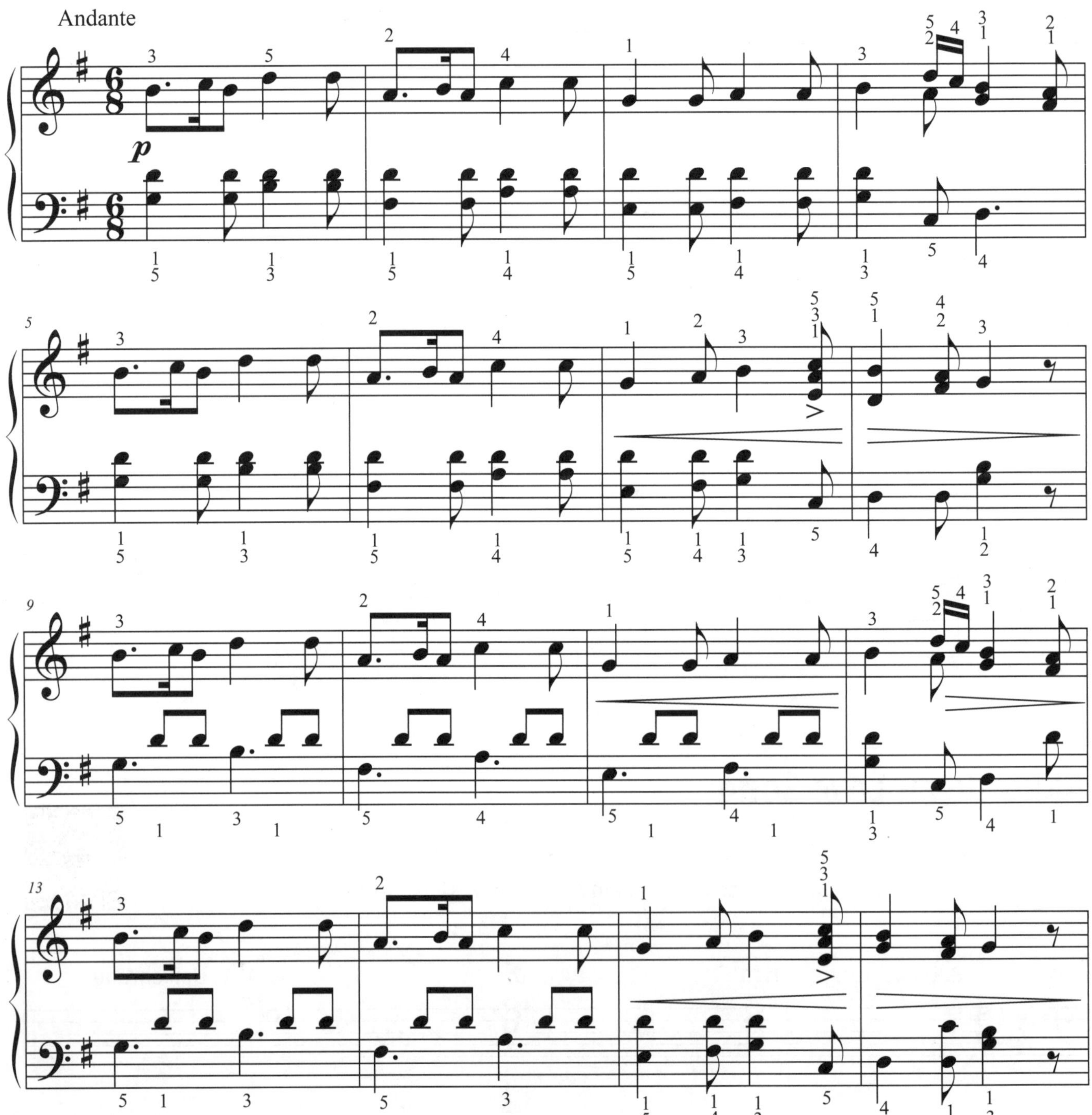

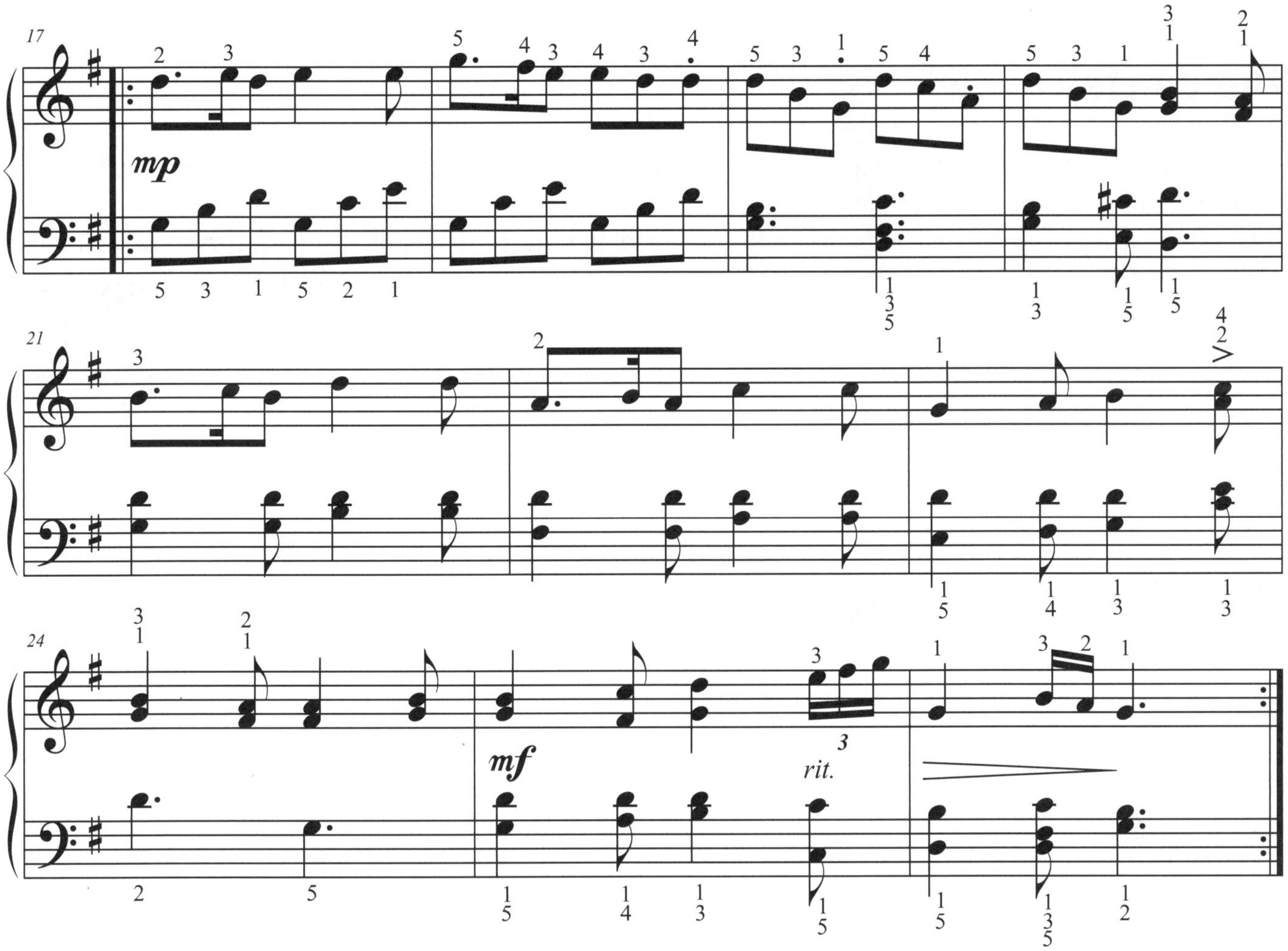

Die Sechzehntel-Triole

17

Im vorletzten Takt kommt ein neuer Notenwert hinzu, **die Sechzehntel-Triole.** Sie besteht aus drei Sechzehntelnoten und wird mit einer 3 über den Notenbalken gekennzeichnet.

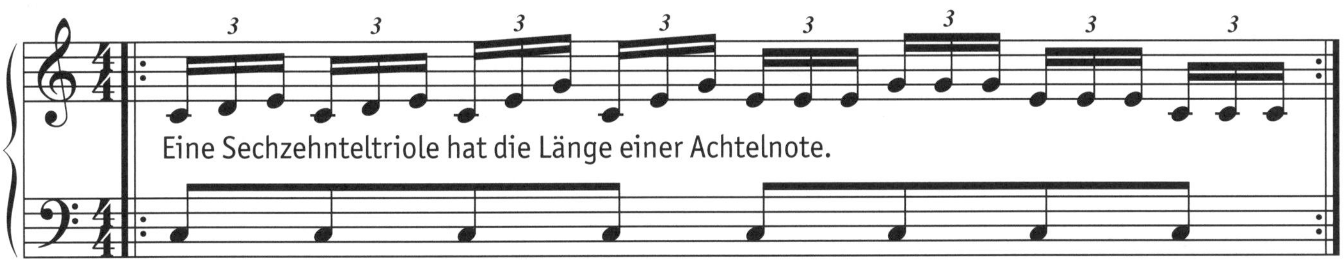

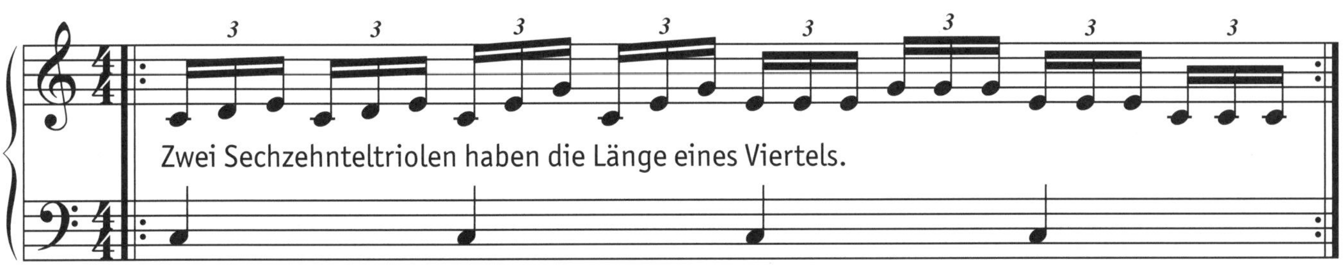

Die Viertel-Triole

Bei der Viertel-Triole werden drei Viertelnoten in der Zeit von zwei Viertelnoten gespielt. Die zwei Viertel sind dabei das zugrunde liegende Metrum.
Nimmt man Achtel-Triolen zum Vergleich, hat ein Viertel der Viertel-Triole die Länge von zwei Achteln der Achtel-Triole. Deshalb kann man Viertel-Triolen so zählen: **1 u die 2 u die 3 u die 4 u die**.

18

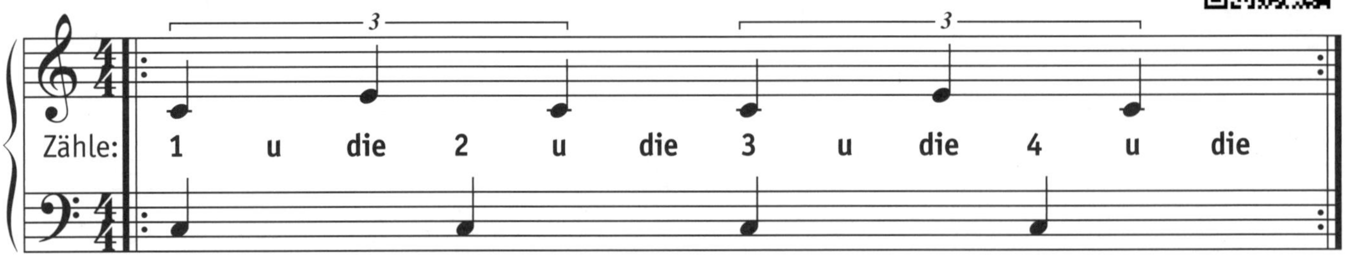

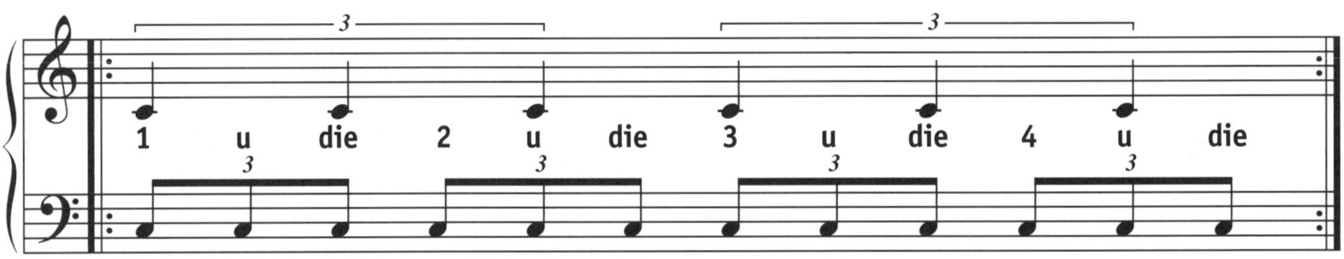

Im nächsten Stück werden einige Viertel-Triolen gespielt. Die rechte Hand spielt die Vierteltriolen und die linke Hand spielt Viertelnoten. Dabei müssen die Viertel-Triolen und die Viertelnoten gleichmäßig gespielt werden.

19

In Spain

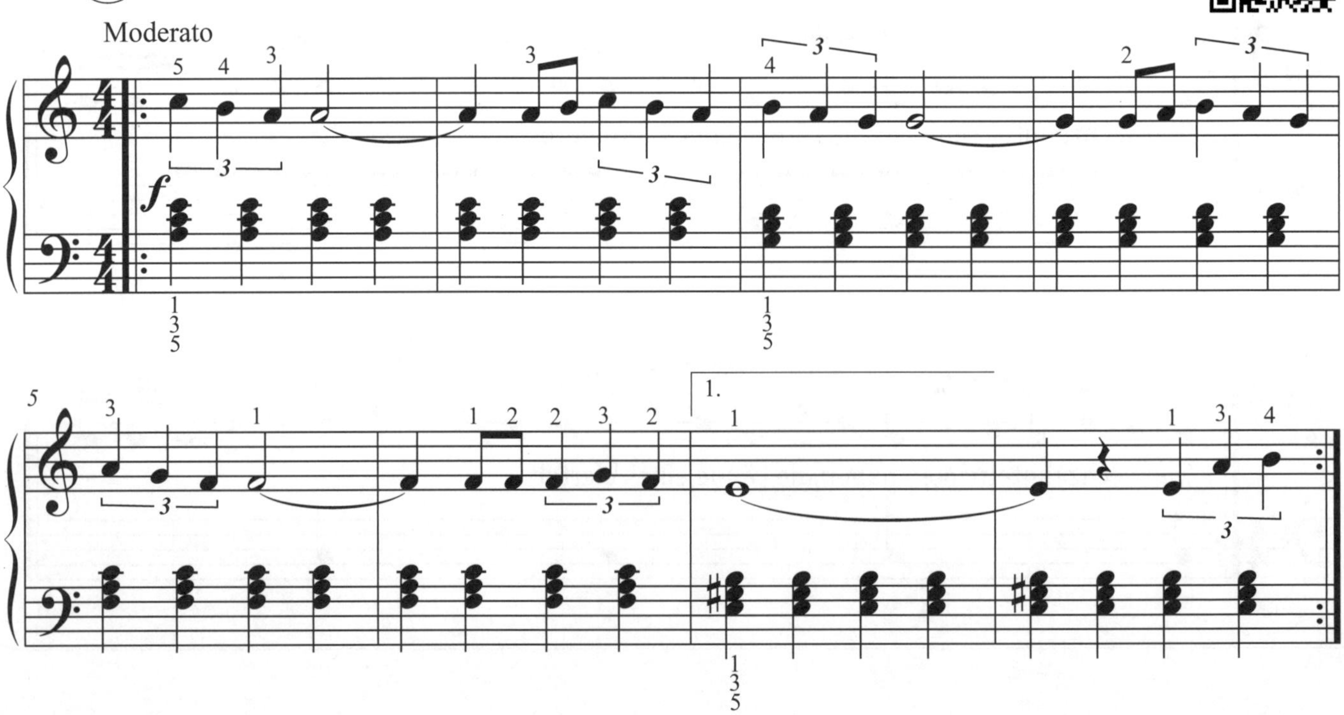

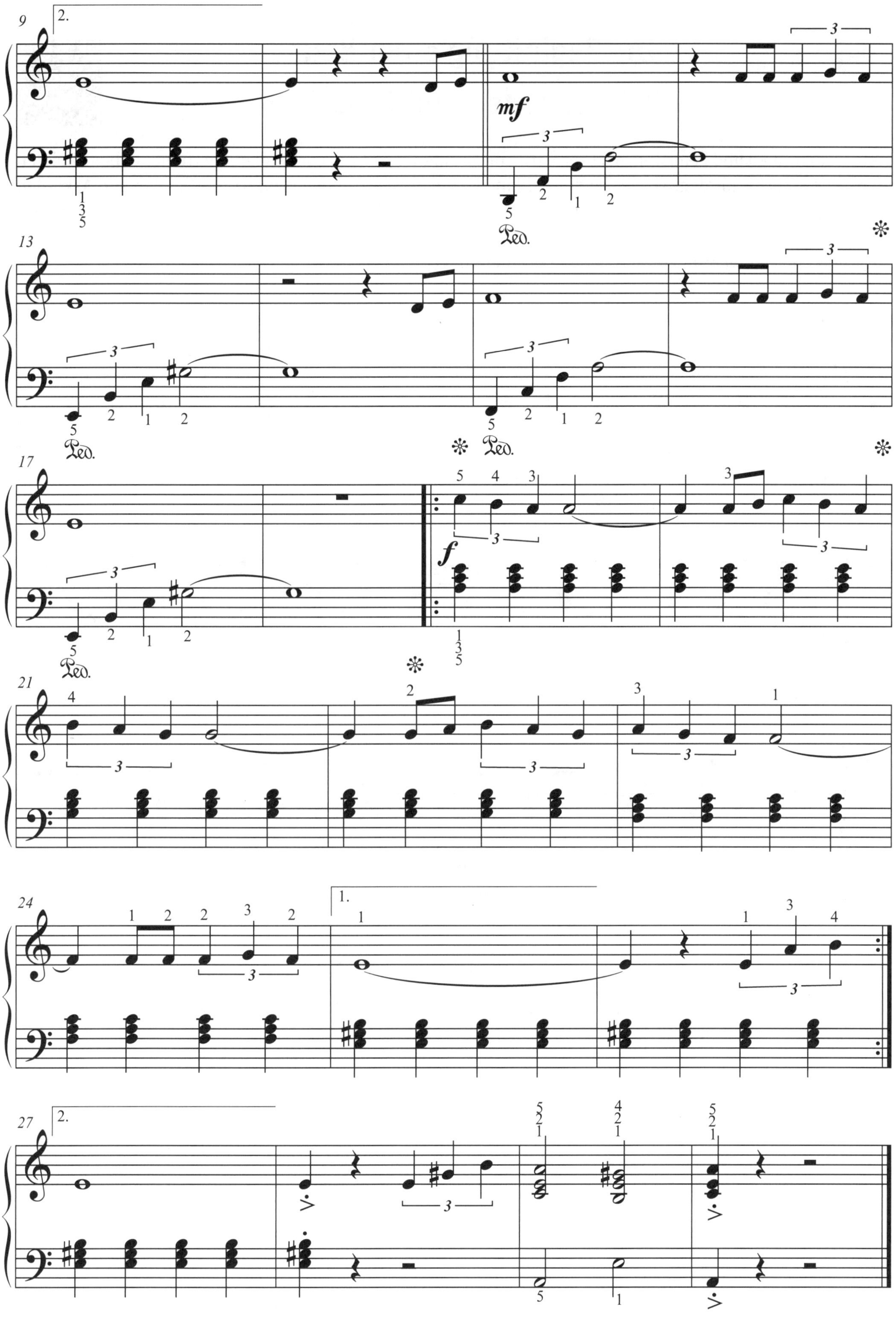
mf
Ped.
f

20

Die Begleitung einer Ballade mit Akkorden und Basstönen

Viele Pianistinnen und Pianisten möchten gerne ihren eigenen Gesang oder andere Instrumente beim Spielen eines Musikstücks mit dem Klavier begleiten. Eine Möglichkeit der Begleitung ist das Spielen von Akkorden mit der rechten Hand und den Grundtönen der Akkorde mit der linken Hand. Im folgenden Notenbeispiel wird jede Notenzeile etwas anspruchsvoller und zeigt verschiedene Möglichkeiten wie die Akkorde und Grund-/Basstöne gespielt werden können. Viele Pop- und Rockstücke bestehen aus den gleichen, überschaubaren Akkordfolgen innerhalb einer Tonart.

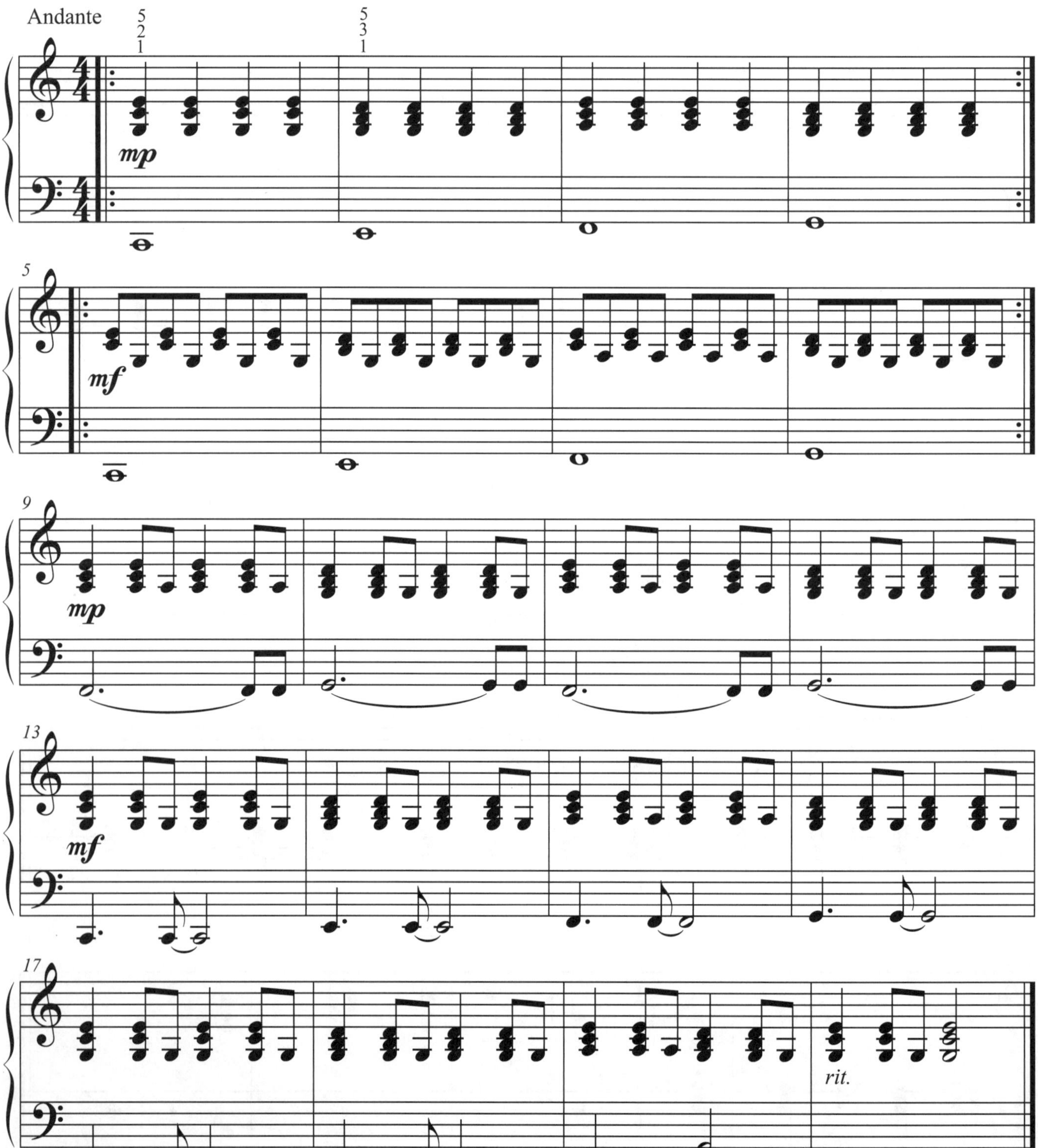

Nun kannst du mit der gleichen Spielweise verschiedene Akkordfolgen ausprobieren. Die Akkorde können auch, wie auf der vorangegangenen Seite, eine Oktave tiefer gespielt werden.

21

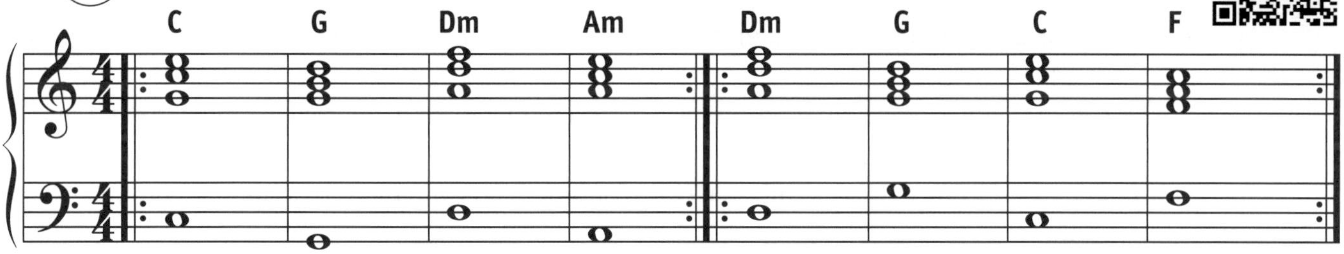

22

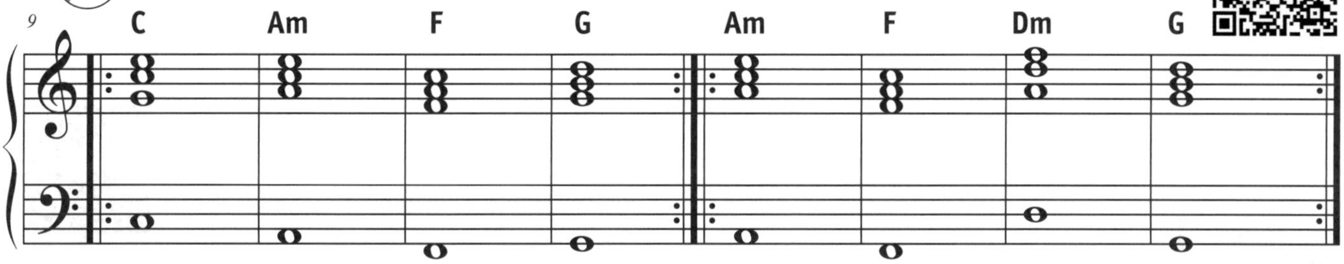

23

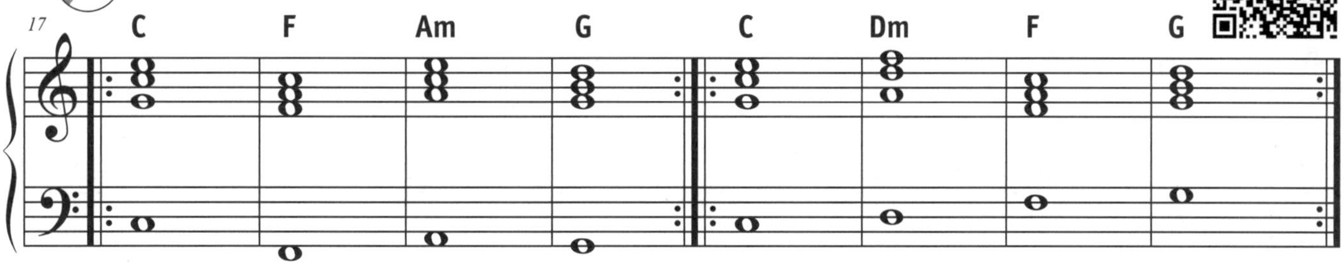

24

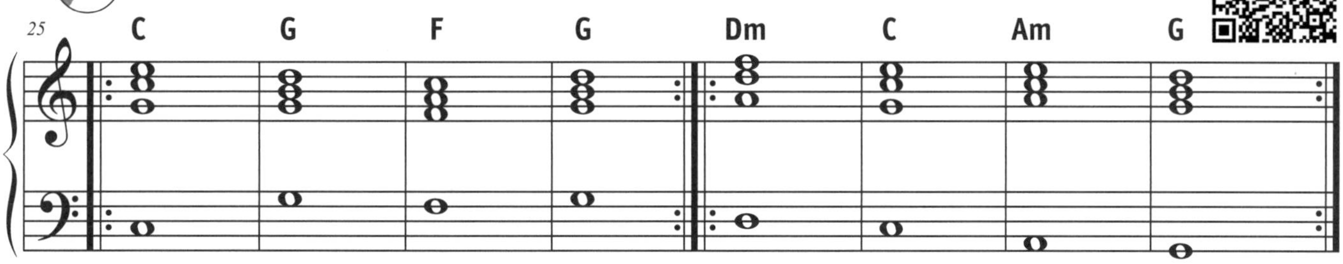

25

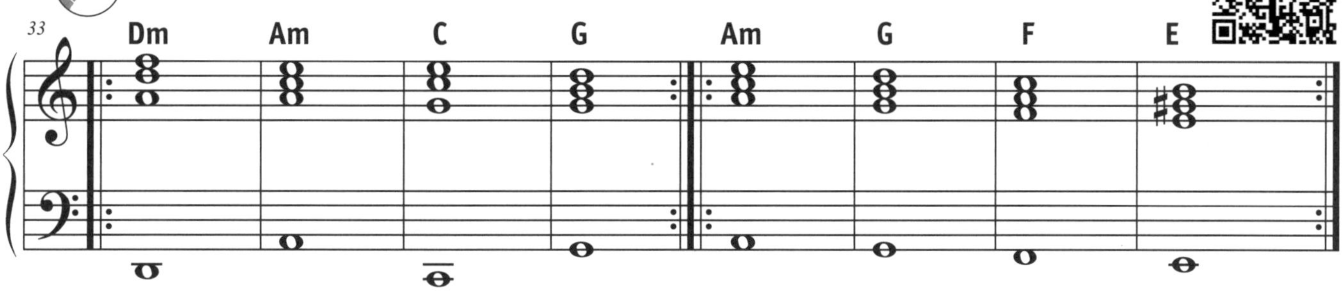

Jetzt lernen wir ein Stück von Pjotr Tschaikowski (1840-1893). Tschaikowski war ein bedeutender russischer Komponist, dessen Werke der Romantik zugeordnet werden.

- Die linke Hand spielt im ersten Abschnitt zwei Stimmen.
- In den Takten 1 bis 4 spielt der kleine Finger ein kleines **g**.
- Das **g** wird solange ausgehalten, bis es erneut angeschlagen und dann wieder ausgehalten wird.
- Über das gehaltene **g** werden mit dem Mittelfinger, Zeigefinger und Daumen vier Achtelnoten gespielt.
- Danach hat der Mittelfinger den Ton **b** zu halten, während der kleine Finger wieder das **g** anschlägt.

26

Altfranzösisches Lied

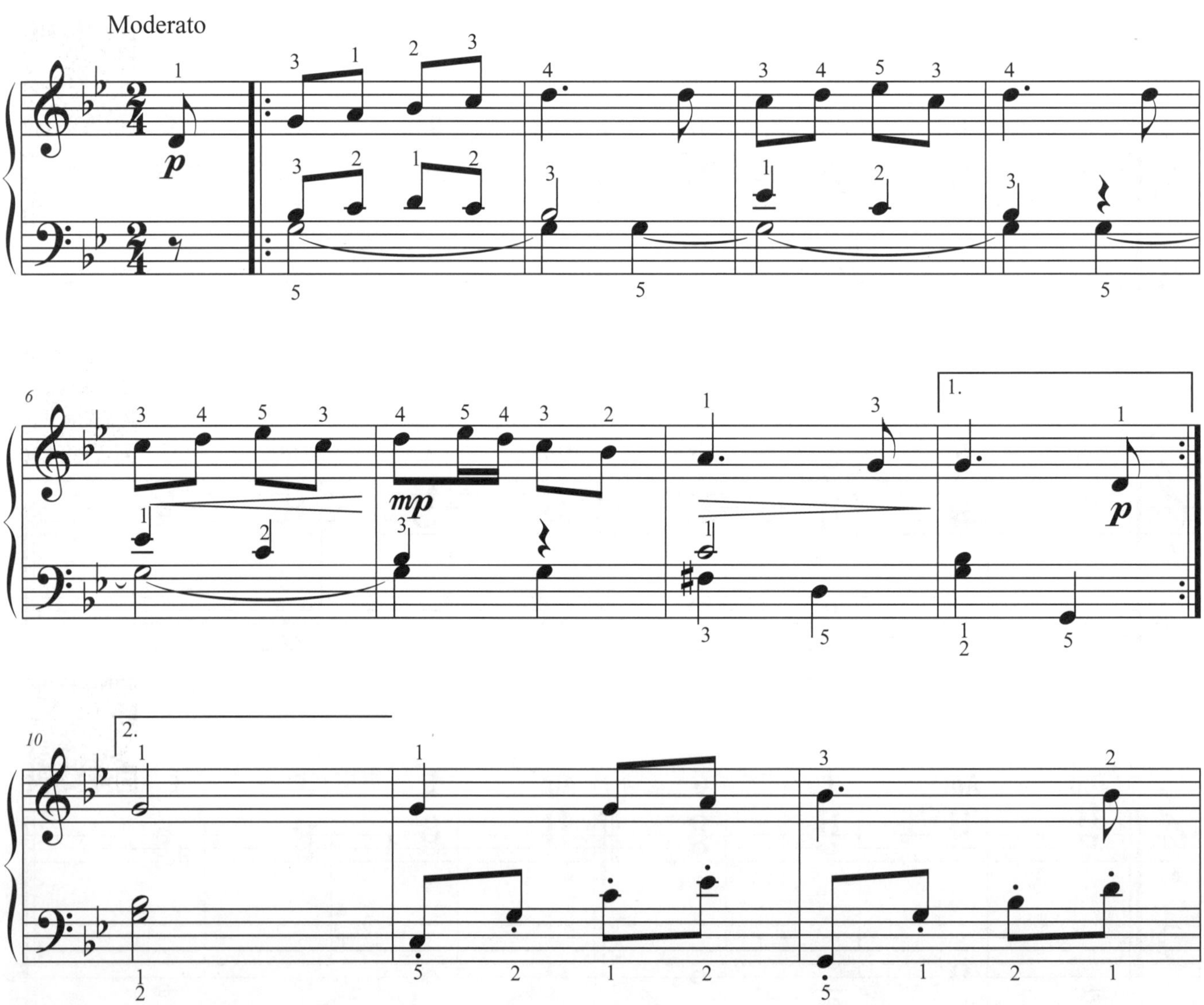

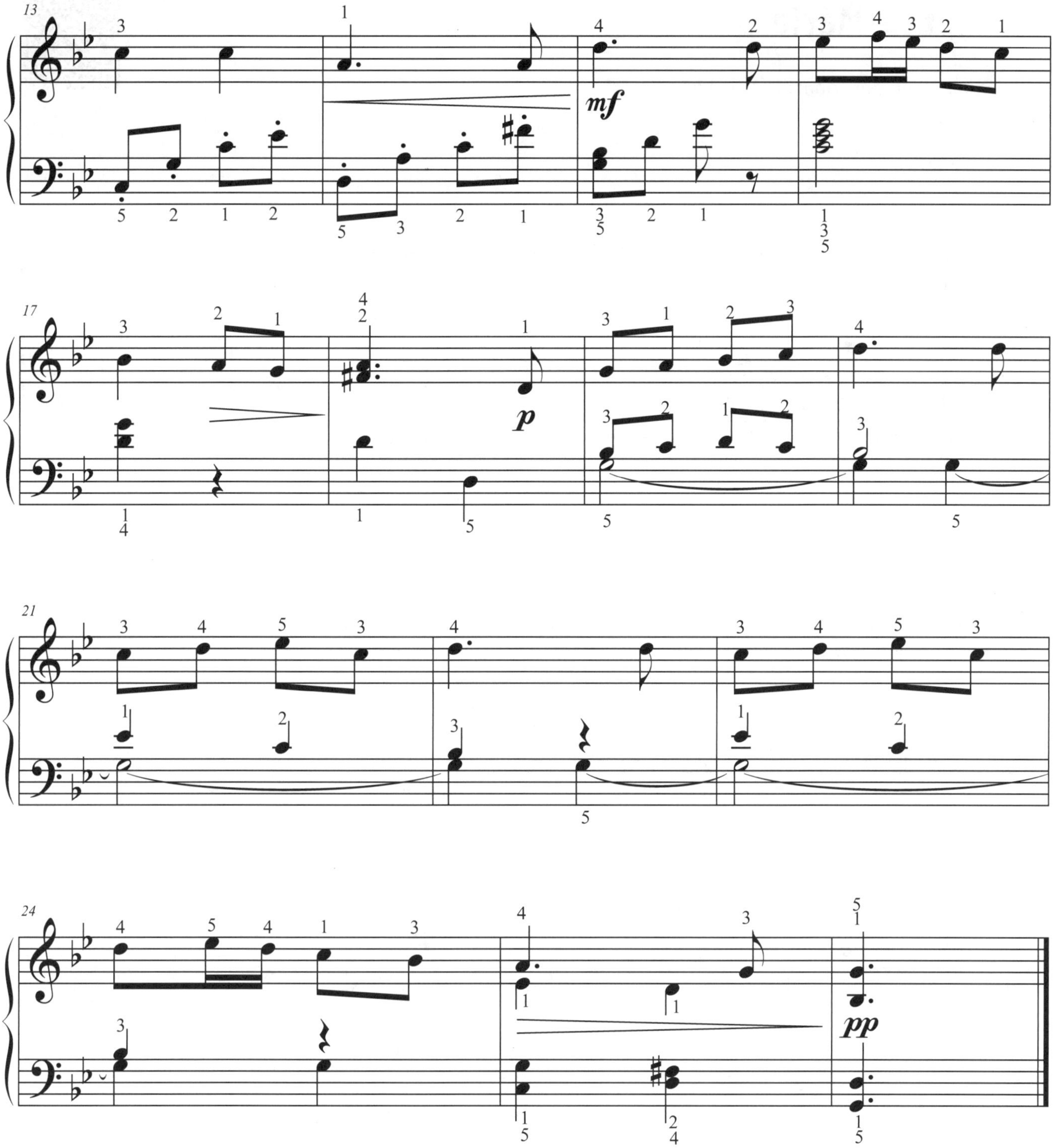

27

Eva-Maria

Diese Stück ist in der Tonart D-Moll komponiert.

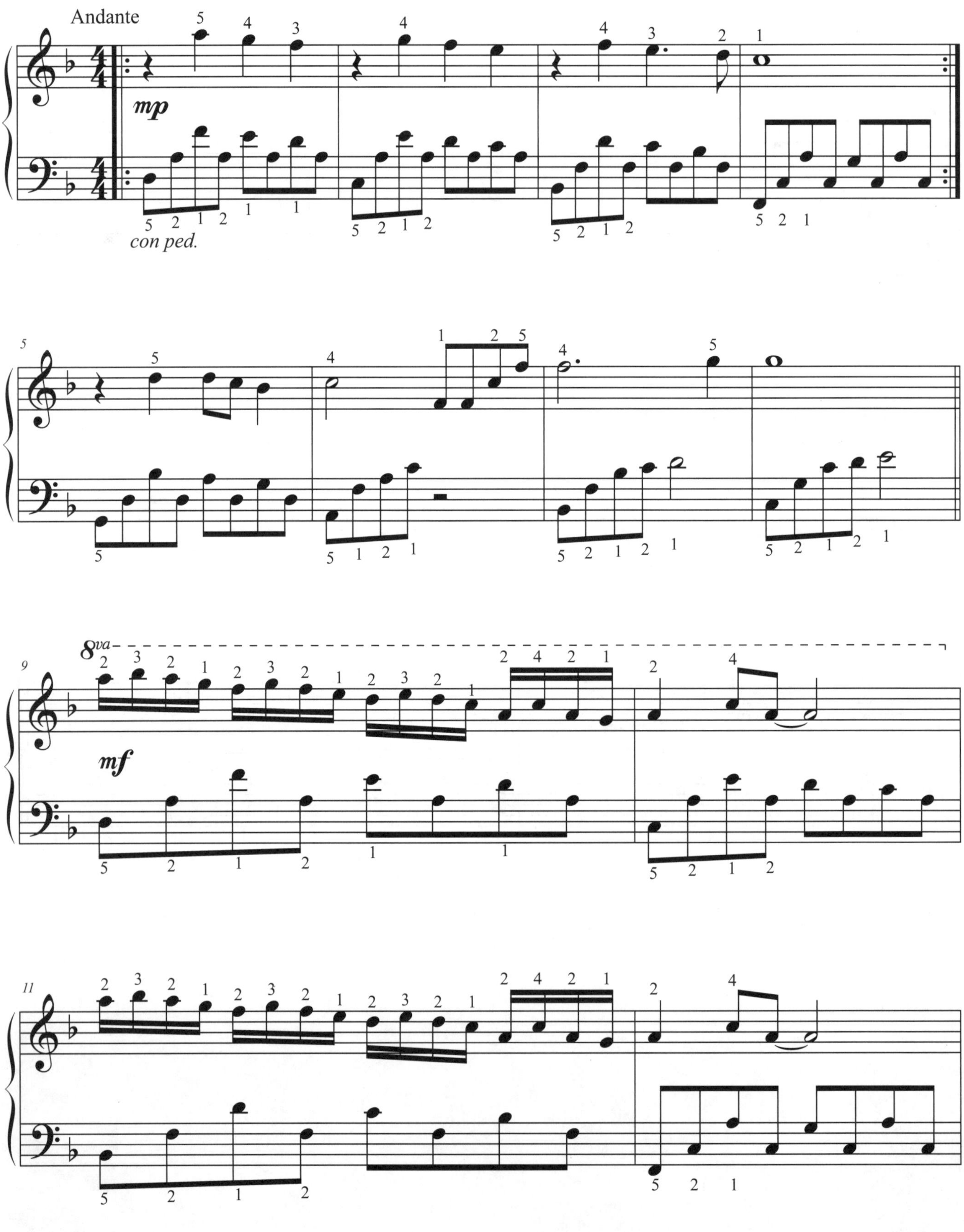

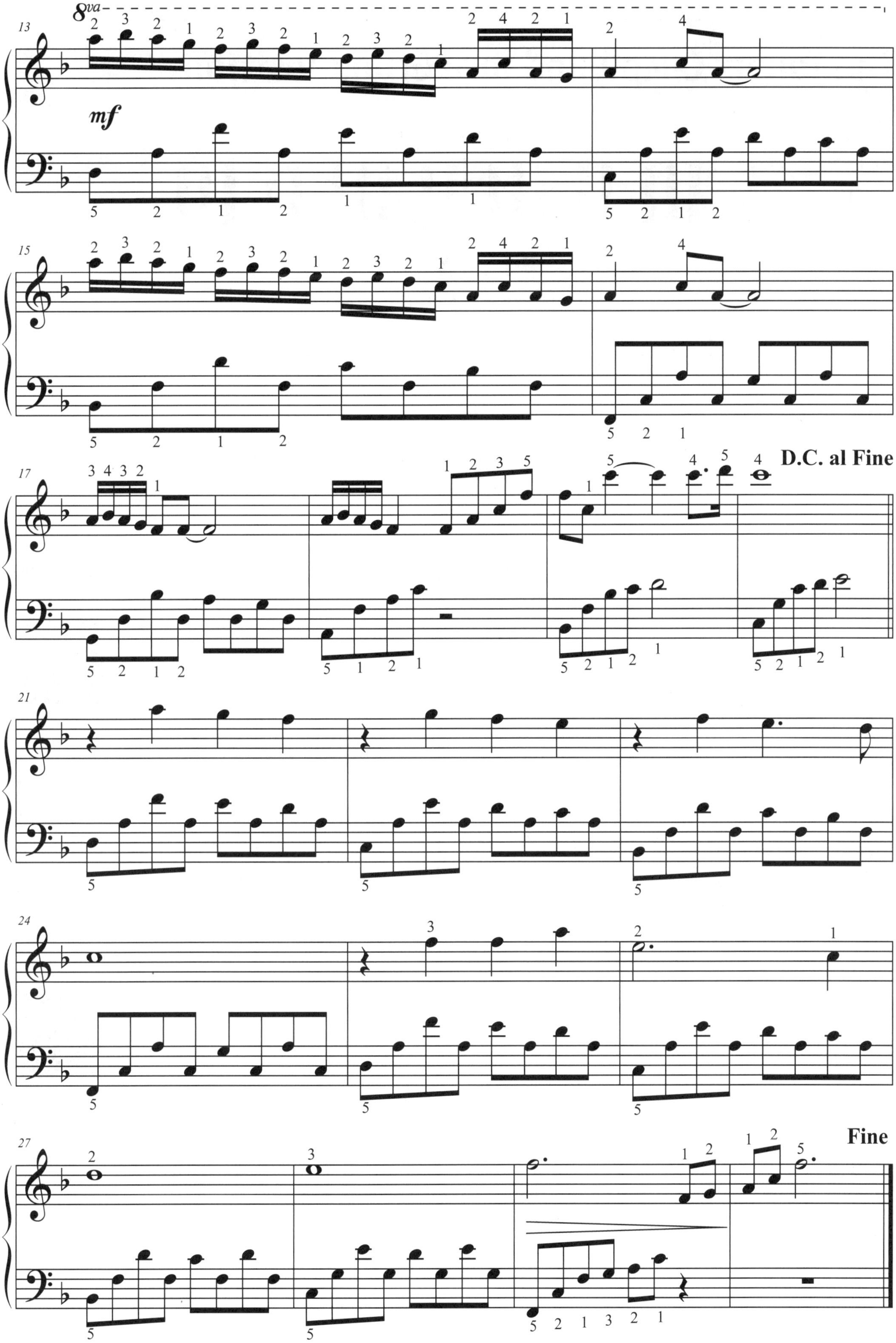

8va
mf
D.C. al Fine
Fine

Die Tonart C-Moll und ihre Grundposition

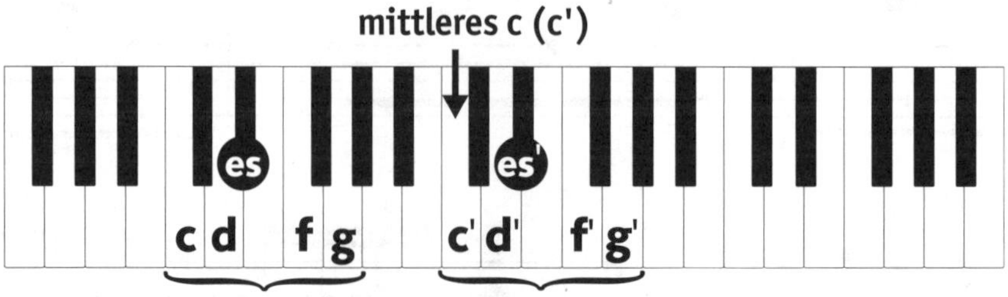

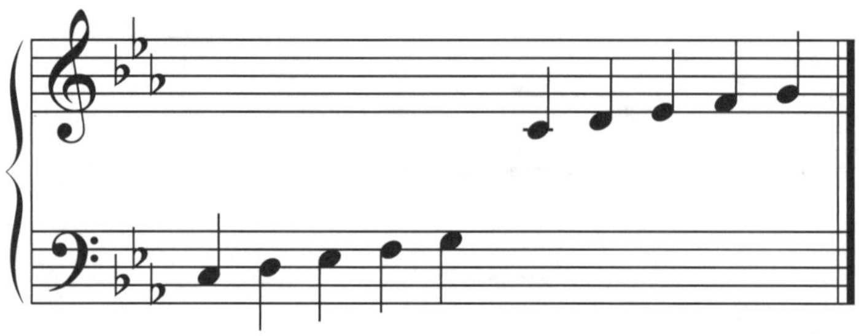

Vorzeichen der C-Moll Tonart

C-Moll ist die parallele Molltonart zu Es-Dur. Sie hat ebenfalls drei b-Vorzeichen, dabei wird **h** zu **b**, **e** zu **es** und **a** zu **as**.

28

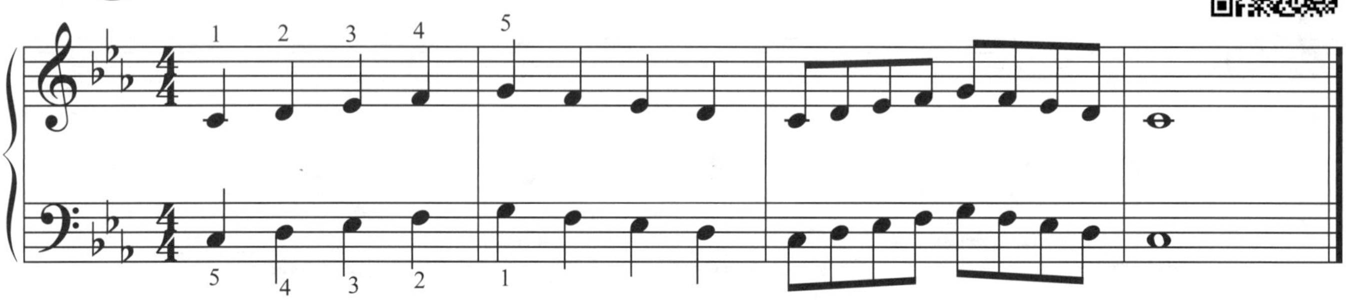

29-1

C-Moll-Akkord

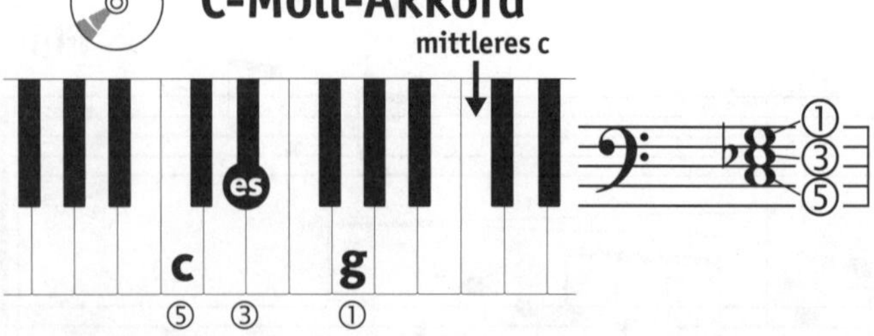

29-2

G^7-Akkord 1. Umkehrung

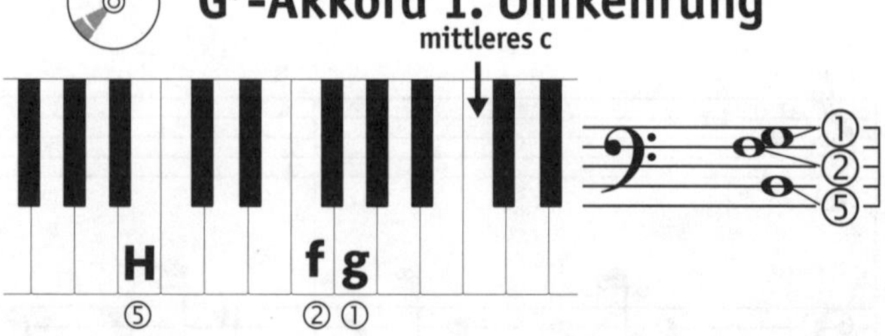

30

Übung mit den Akkorden C-Moll und G⁷

Moderato

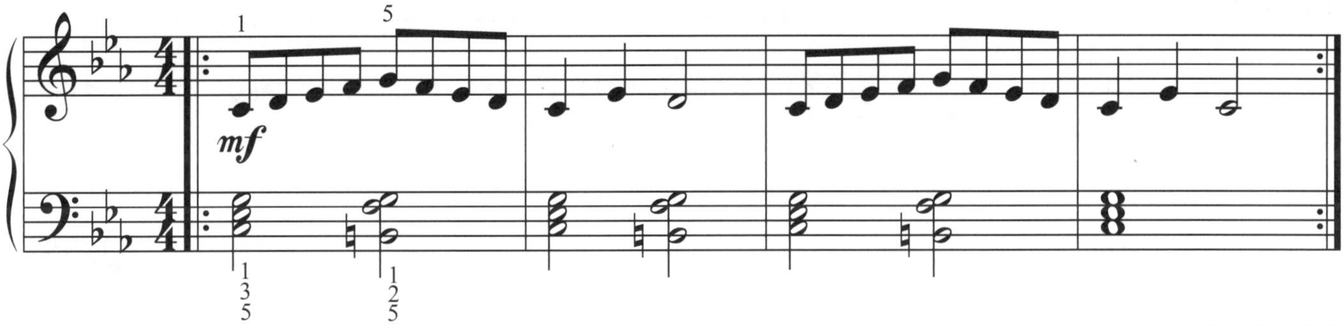

31

Im Osten

Allegretto

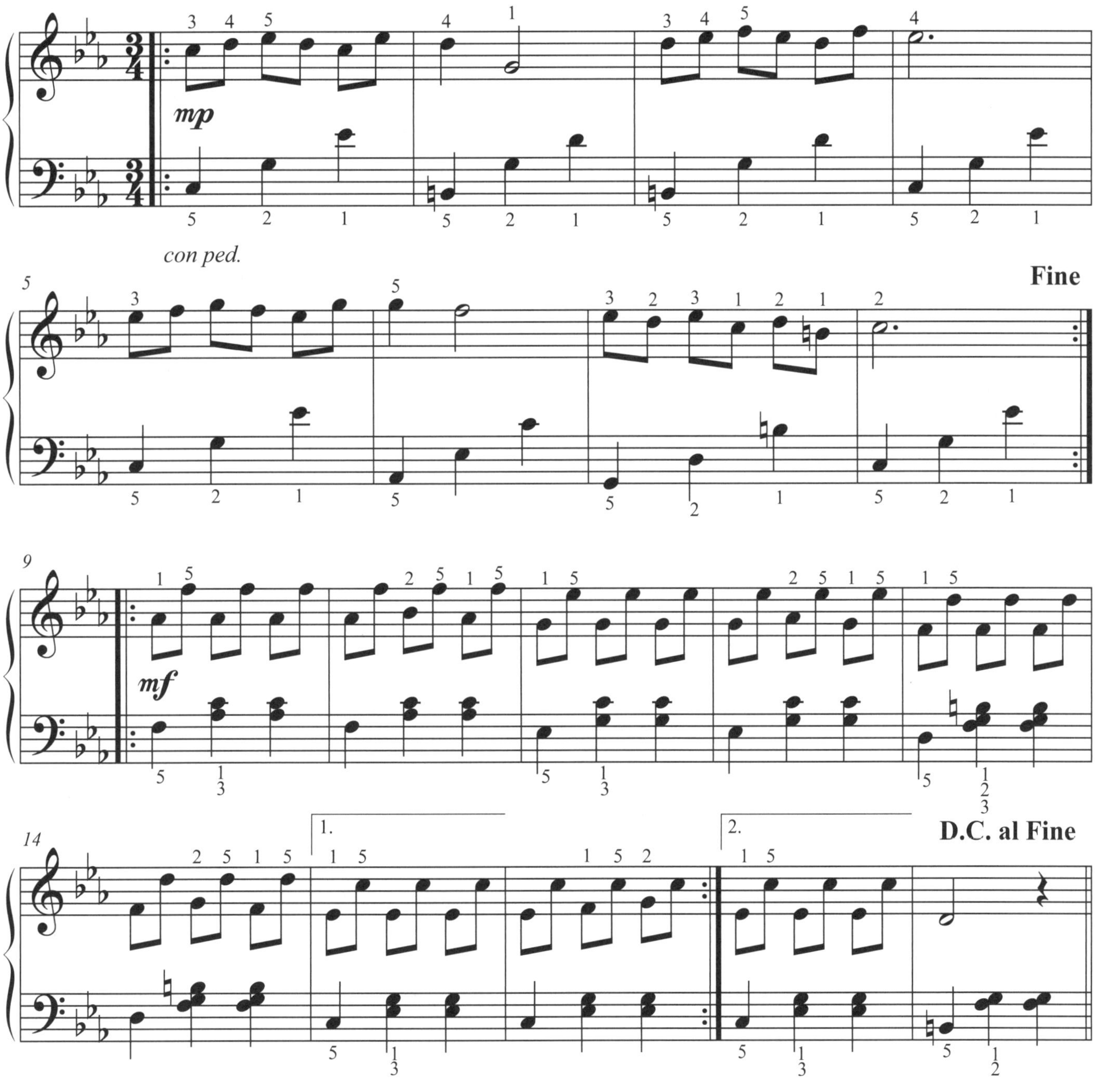

Verschiedene Tonarten in einer Komposition

In einigen Kompositionen kommt mehr als eine Tonart vor. Ein Stück kann zum Beispiel in C-Dur beginnen und dann in A-Moll weitergeführt werden. Es gibt viele Möglichkeiten die Tonart zu wechseln.

Das Stück ***Seline*** beginnt in C-Dur und geht dann in die Tonart G-Dur über. Dabei spielt der G-Dur Akkord eine wichtige Rolle, denn er ist in C-Dur die Dominante und in G-Dur die Tonika.

32 Seline

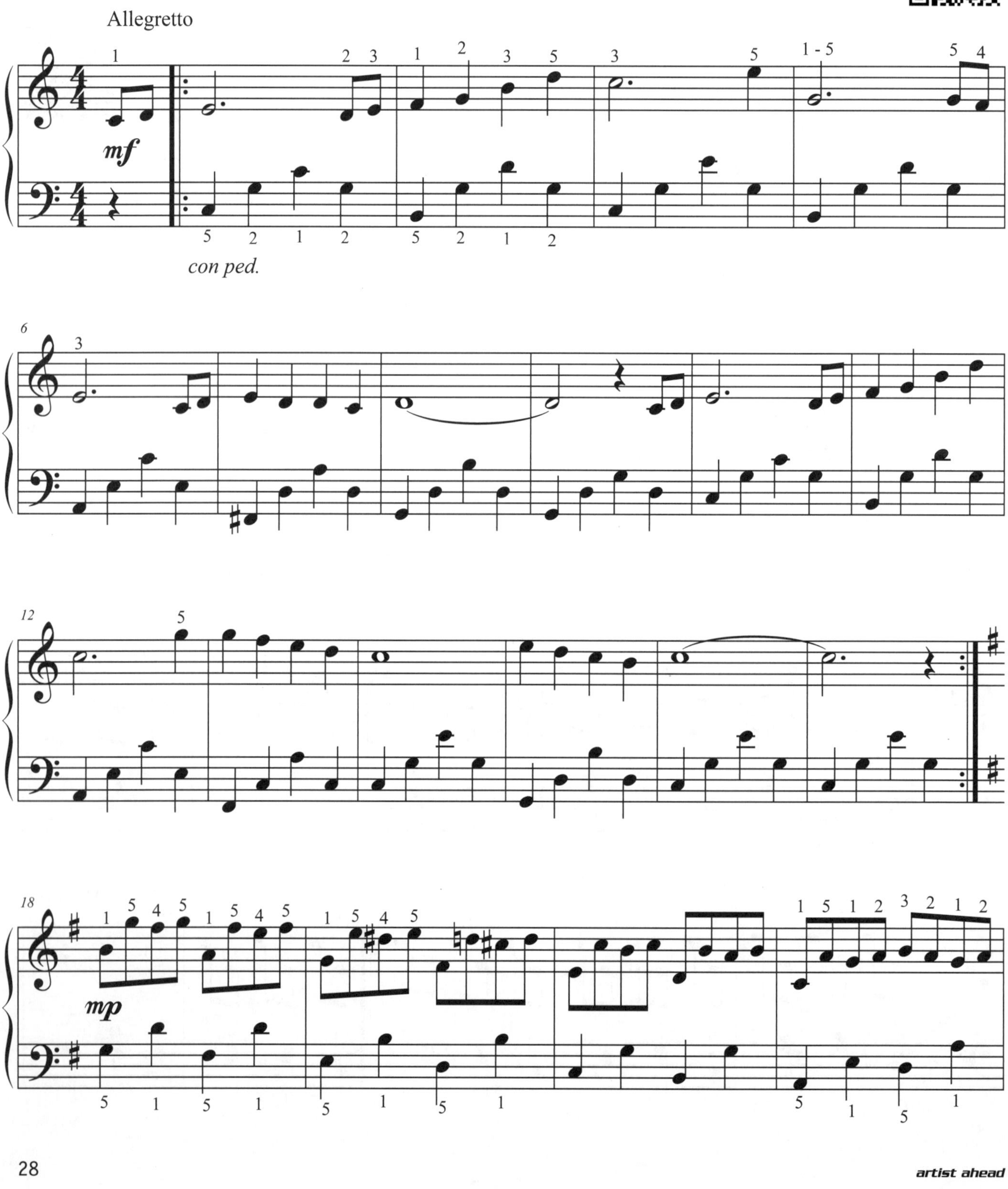

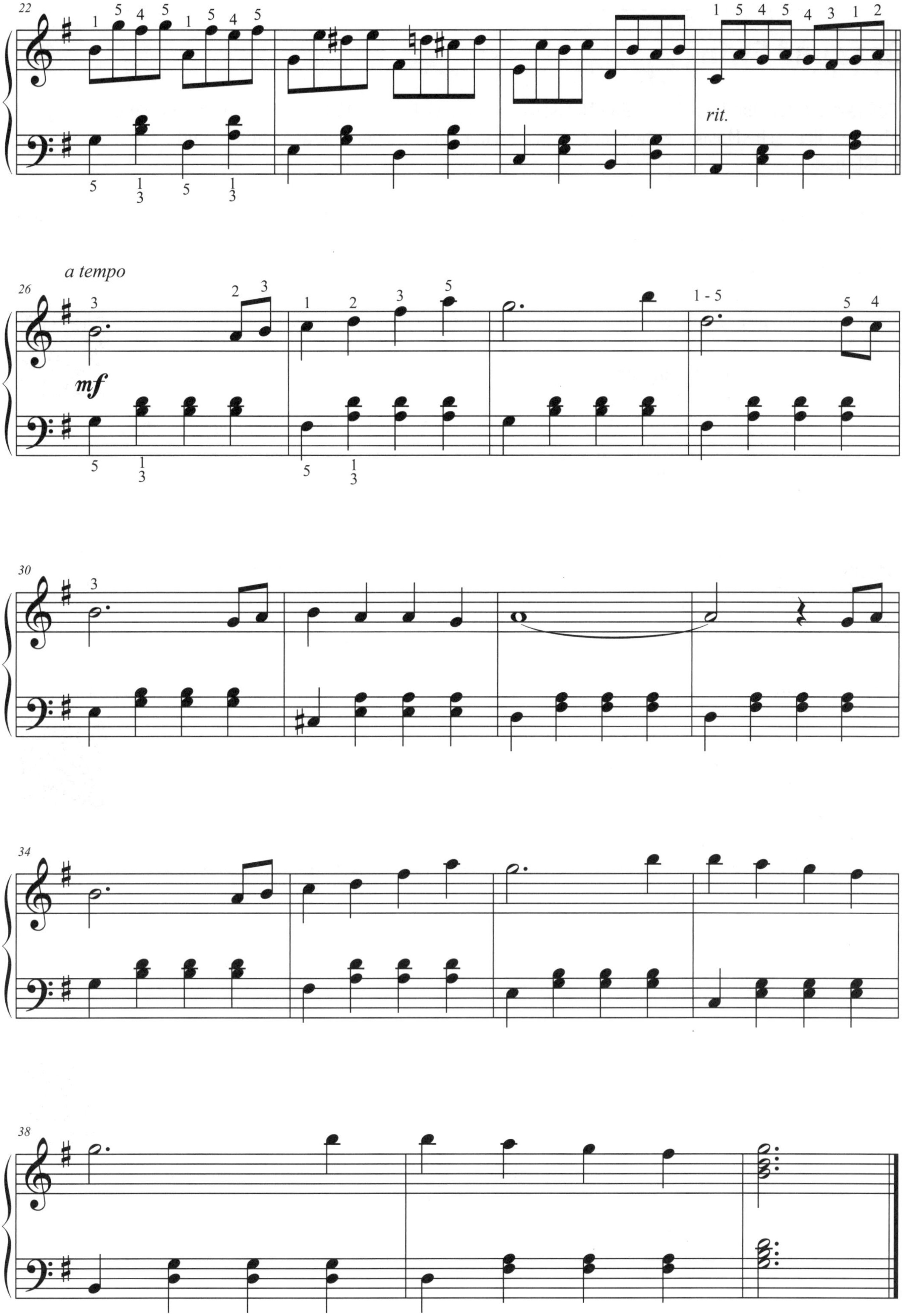
rit.
a tempo
mf

Jazz und Swing

Der **Jazz** ist der Überbegriff für eine Musikrichtung die sich ab 1900 im Süden der USA durch überwiegend afroamerikanische Musiker entwickelte. Im Laufe der Zeit sind verschiedene Stile innerhalb der Jazz-Musik entstanden.

Der **Swing** ist eine beliebte musikalische Stilrichtung des Jazz, die sich in den USA zwischen 1920 und 1940 entwickelte. Der Swing ist tanzbar und hat einen besonderen Rhythmus mit einem *„schaukelnden"* Charakter, der dem Swing auch seinen Namen gab.

Der **Boogie-Woogie** ist mit dem Swing verwandt, es gibt ihn als Tanz und Klavierstil.

33

Um den **Swing-Rhythmus** zu erzeugen werden anstelle zweier Achtel in gleichmäßigem Abstand (gezählt: **1 u**), zwei Achtel in ungleichmäßigem Abstand gespielt. Dafür nimmt man eine Achtel-Triole (gezählt: **1 u die**). Die ersten beiden Triolen-Achtel werden zu einem Triolen-Viertel (gezählt: **1 u**) zusammengefasst und übrig ist dann ein Triolen-Achtel (gezählt: **die**). Das Triolen-Viertel ist doppelt so lang wie das Triolen-Achtel. In Achtel-Triolen gedacht ergibt sich dann ein Verhältnis von 2 Achtel zu 1 Achtel.

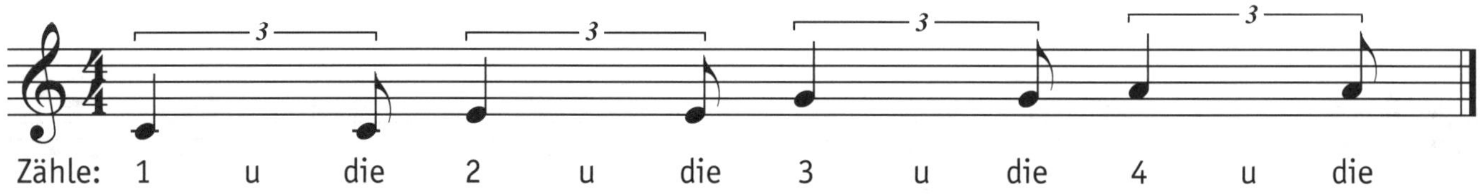

Spielt man aufeinanderfolgende Achtelpaare auf diese Weise entsteht der typische Swing-Rhythmus.

34

Zählübung Swing

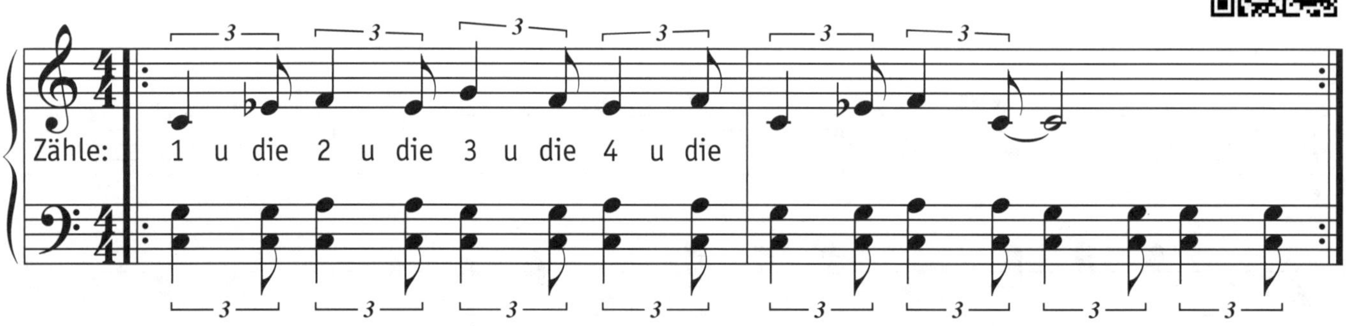

35

Zunächst spielen und zählen wir die Noten in der gewohnten Spielweise.

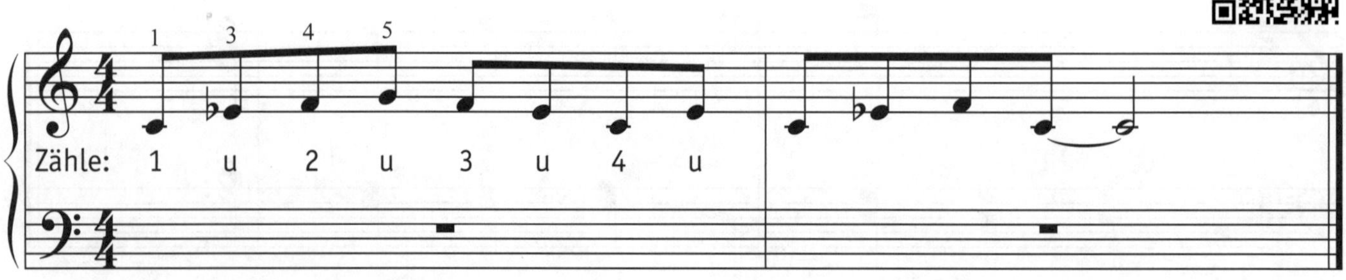

36 Jetzt werden die gleichen Noten mit dem Swing-Rhythmus gezählt und gespielt.

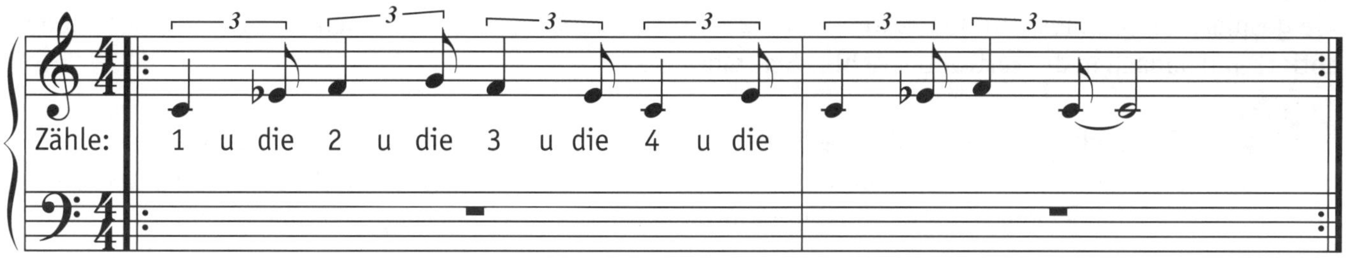

37 Nun lernen wir den typischen Boogie-Woogie Rhythmus mit einer bereits bekannten Begleitfigur der linken Hand. Bisher wurden die Achtelnoten immer mit gleicher Länge gespielt und wie im folgenden Notenbeispiel gezählt.

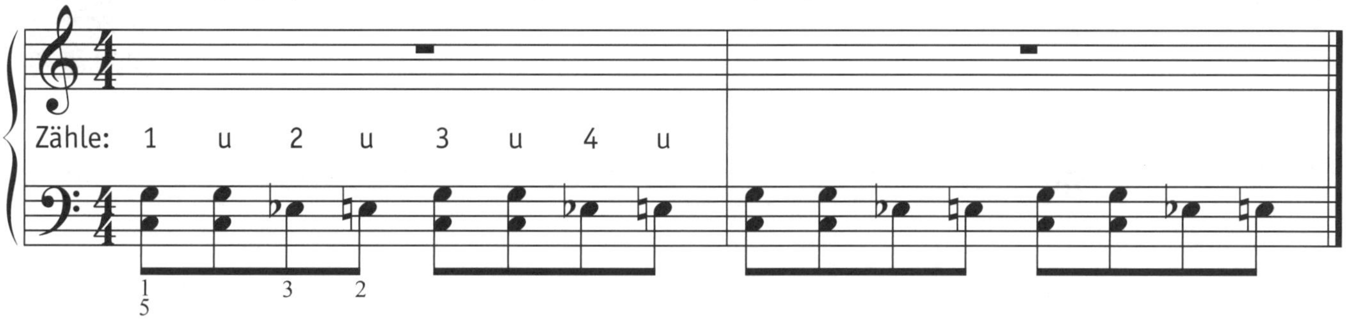

38 Wenn man die Achtelnoten wie im nächsten Notenbeispiel zählt und spielt, dann entsteht der typische Boogie-Woogie Rhythmus.

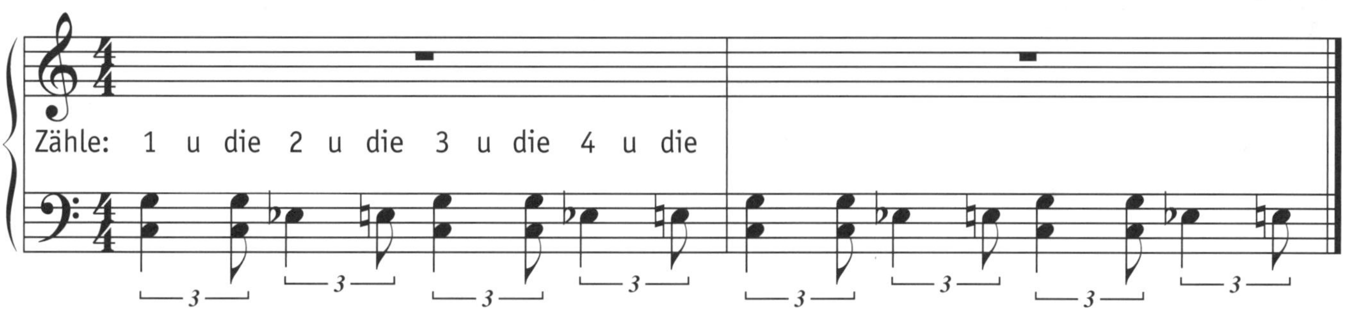

39 Nun spielen beide Hände den neuen Rhythmus gleichzeitig.

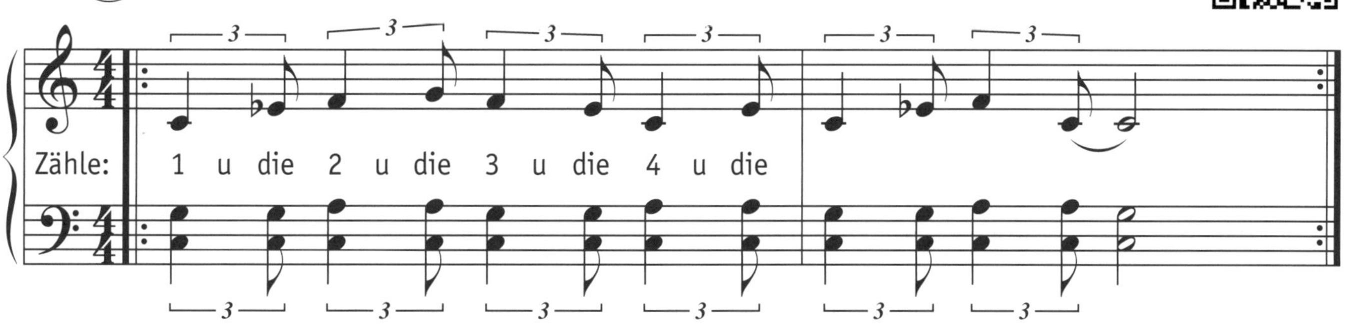

Im folgenden Stück üben wir die neue Spielweise der Achtelnoten. Da die Schreibweise sehr unruhig aussieht, wird über dem ersten Takt und der Tempoangabe angezeigt, dass zwei Achtelnoten wie ein Triolenviertel und ein Triolenachtel gespielt werden sollen. So können wir die normale Achtel-Schreibweise nehmen und wissen wie gespielt werden muss. In den Takten 1 und 2 ist die neue Spielweise hier noch einmal ausgeschrieben notiert und danach in der vertrauten Achtel-Schreibweise.

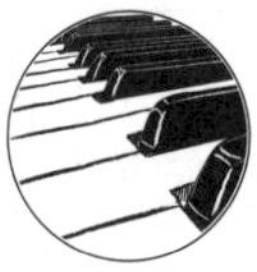

Hier noch ein paar praktische Tipps zum Üben: Die linke Hand spielt durchgehend den neuen Rhythmus, sie beherrscht und führt damit durch das ganze Stück. Die Noten der rechten Hand werden dem Rhythmus der linken Hand zugeordnet und angepasst, nicht umgekehrt.

Übe zunächst den eingängigen Rhythmus der linken Hand, danach die Noten im Violinschlüssel. Wenn man beidhändig übt, sollte man daran denken, dass die linke Hand den Grundrhythmus des Stückes gleichmäßig und durchgehend zu spielen hat. Häufig versucht der Spieler die linke Hand der Melodie anzupassen, aber damit gerät diese ins Stocken und hält den Rhythmus nicht mehr gleichmäßig durch. Dann hilft immer wieder die Konzentration auf die linke Hand und ihre Aufgabe.

40

Swing

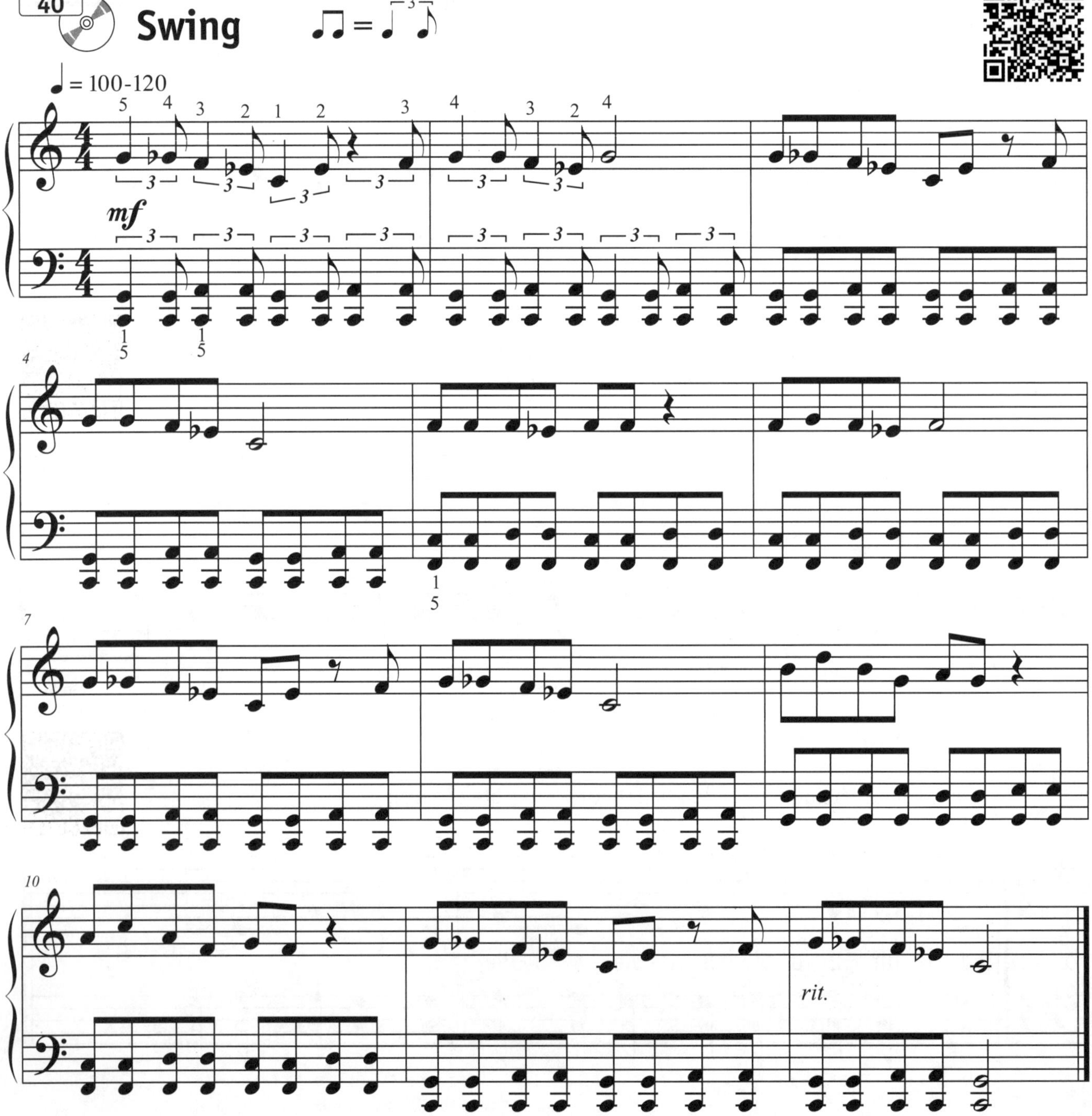

Jetzt wird die neue Spielweise der Achtelnoten auch im Stück ***Boogie Train No. 2*** angewendet.
Über dem Stück wird wieder angegeben, dass die Achtel nicht gerade, gleichmäßig gespielt und gezählt werden sollen, sondern swingend.
Die Melodie (linke Hand) kennst du aus dem Stück *Boogie Train* in **„Meine zweite Klavierschule"**. Jetzt wird die Melodie mit vielen Terzen und im neuen Rhythmus gespielt.

41

Boogie Train No. 2

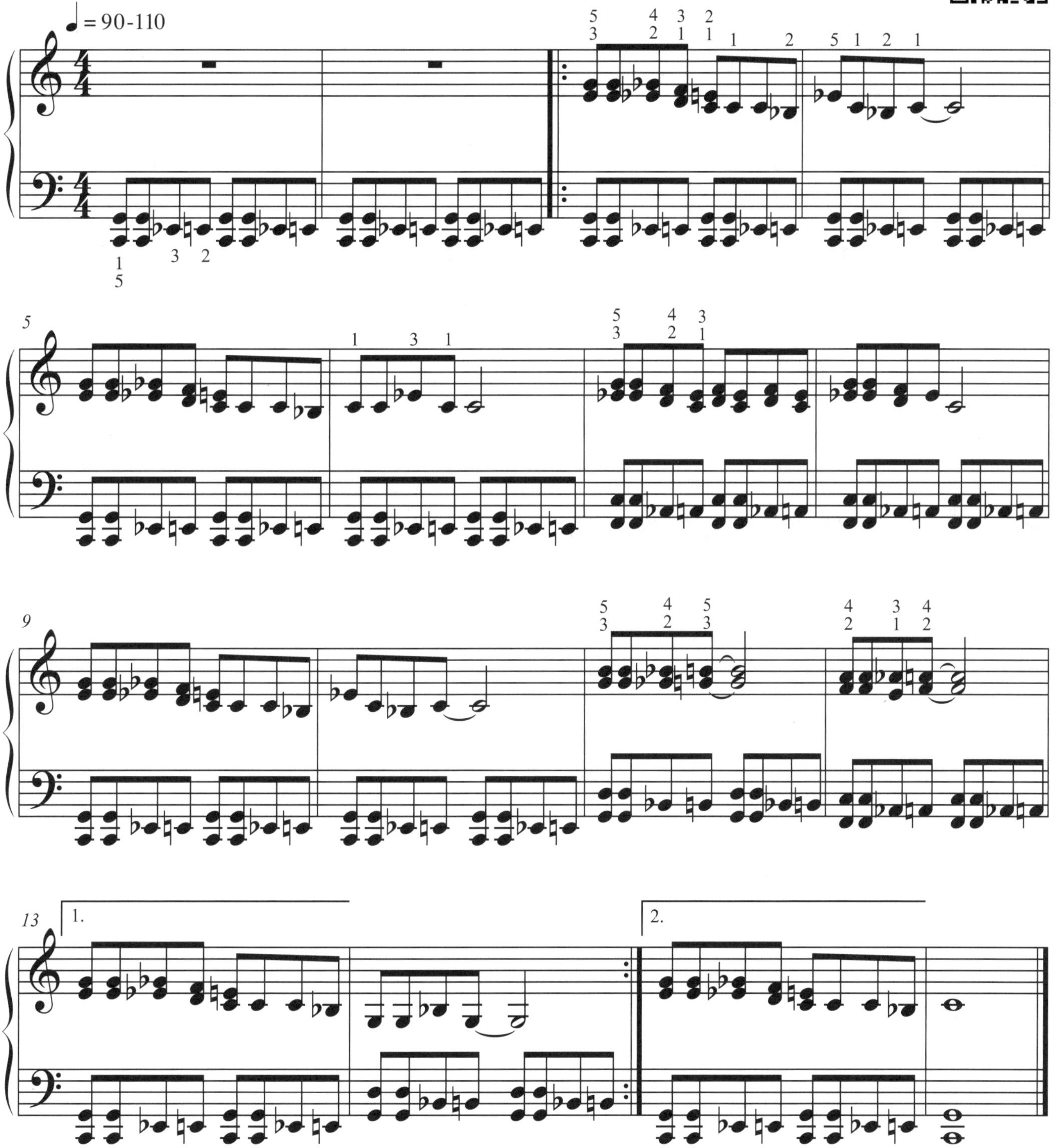

42 43

Präludium Nr. 1 J. S. Bach

Hier sollen die im Bass-Schlüssel notierten halben Noten, ebenso wie die Noten mit der Länge von sieben Sechzehnteln, immer ausgehalten werden.

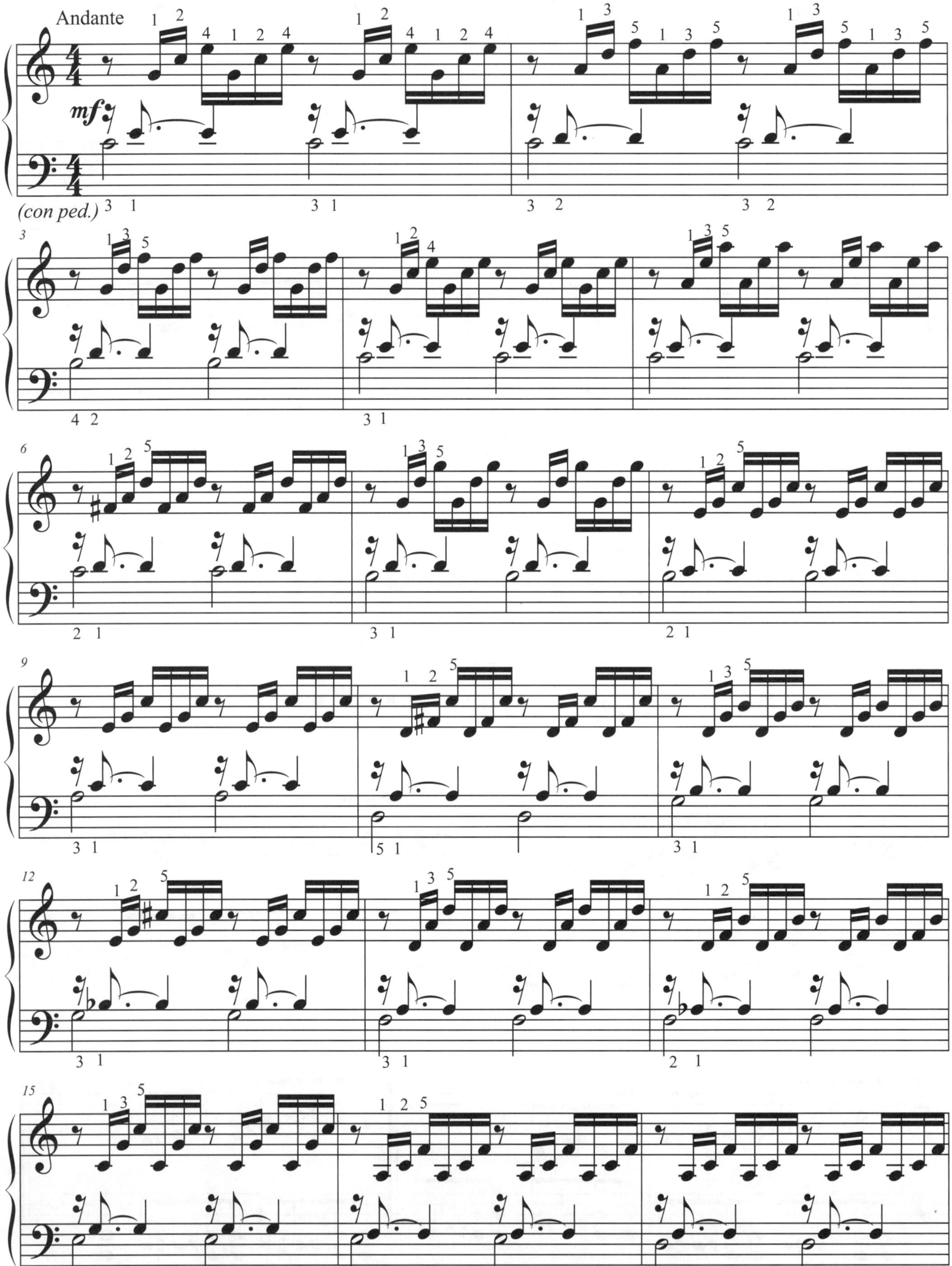

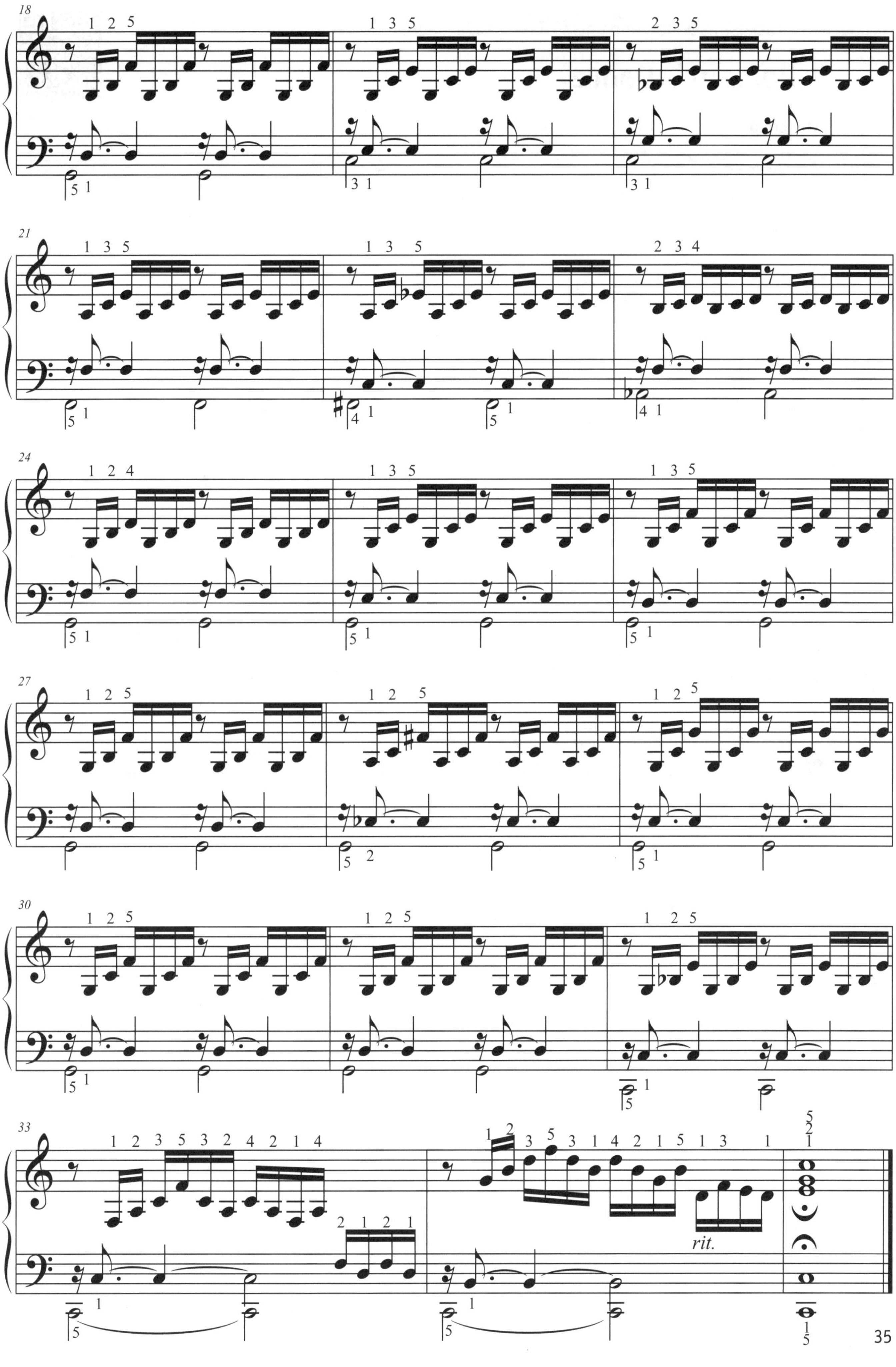
rit.

Das nächste Stück ist in D-Moll und im 3/4-Takt geschrieben.

44

Romantic Dance

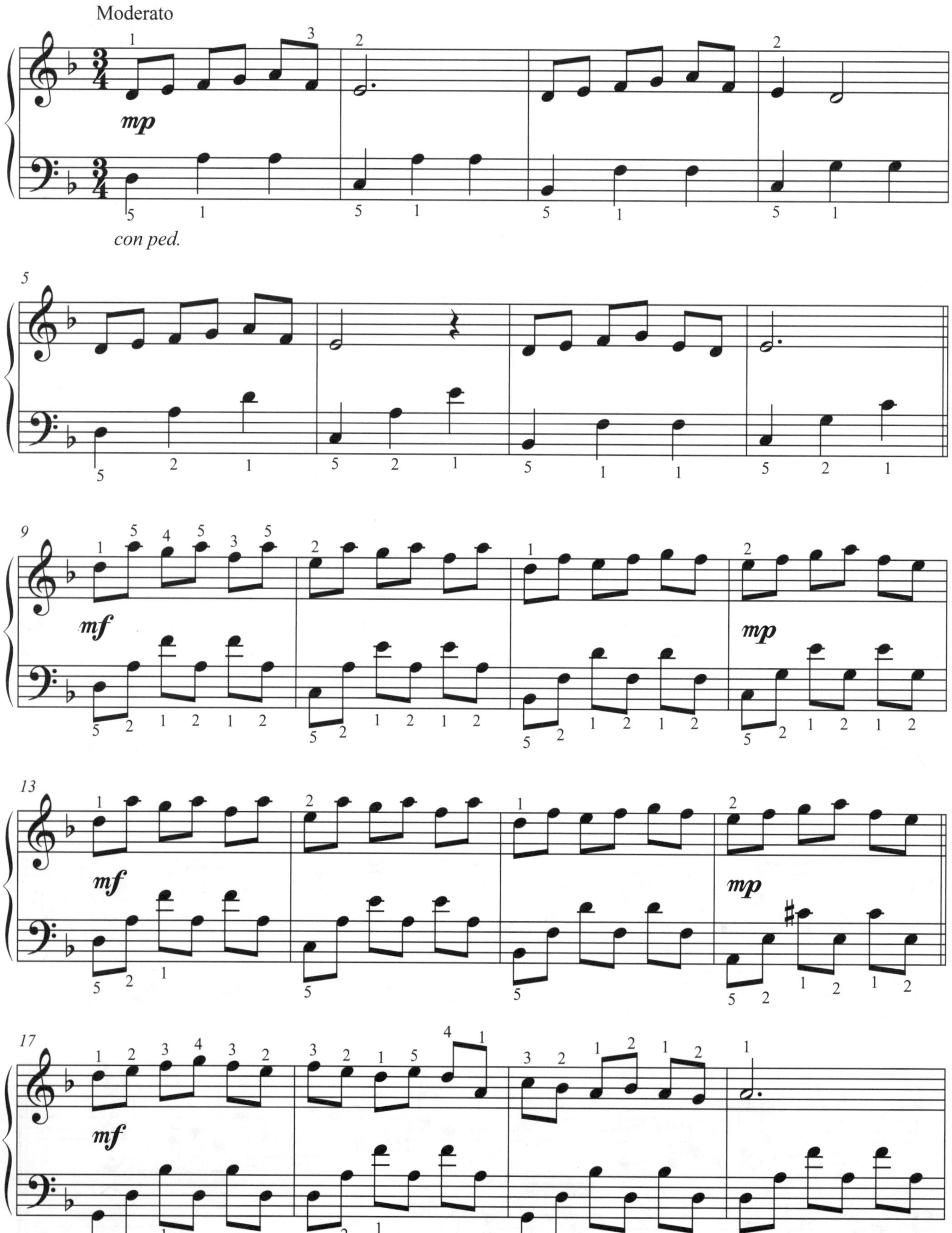

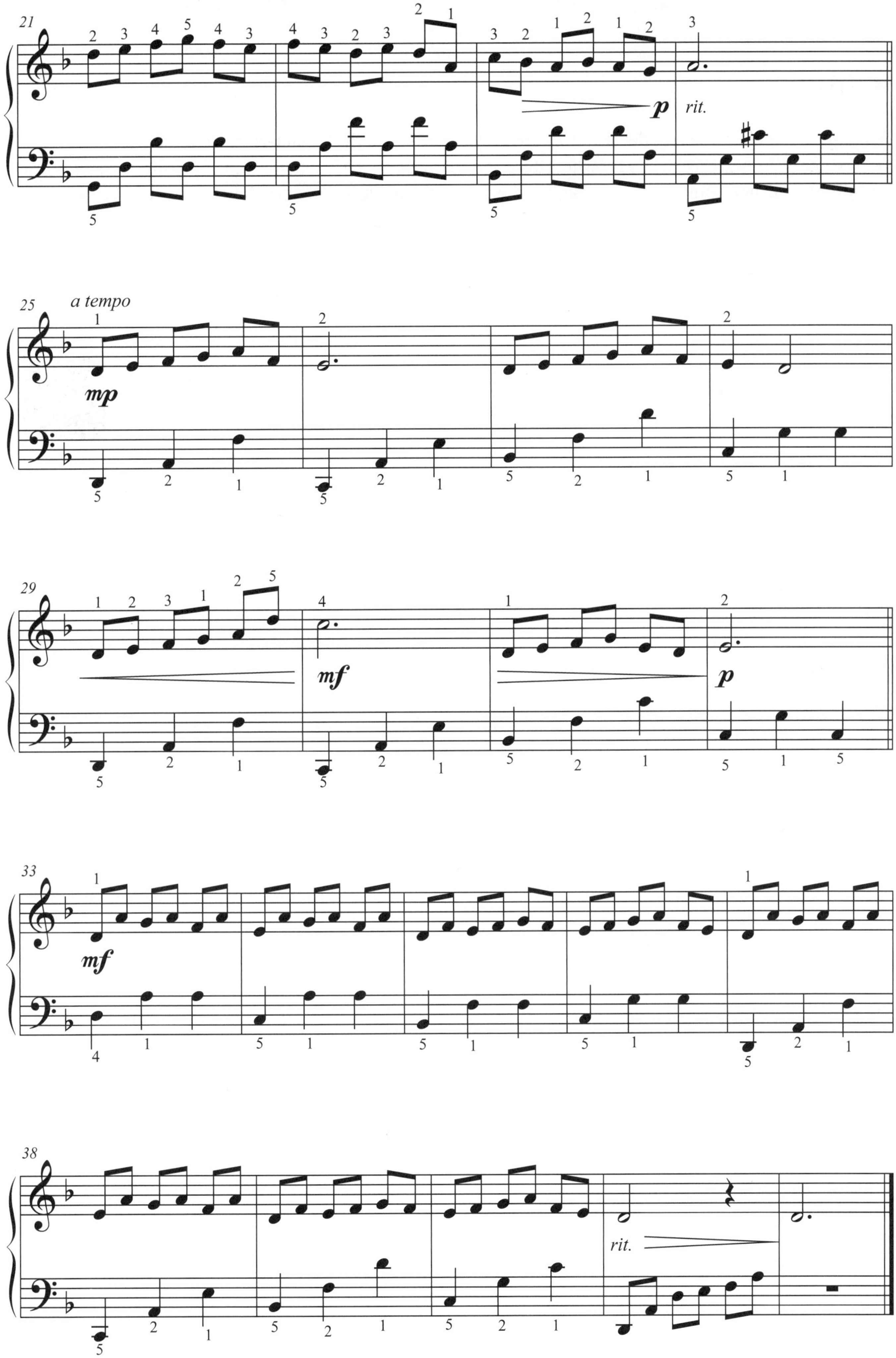
rit.
a tempo
rit.

Ragtime

Der Ragtime ist ein Klavierstil der sich etwa ab dem Jahr 1870 durch afro-amerikanische Pianisten im Mittelwesten der USA entwickelte, und zwischen 1895 und 1915 zur ersten komponierten und notierten Musikform der Afroamerikaner wurde. Der Name Ragtime bezieht sich auf die synkopierte Spielweise der Melodie.

Im Stück ***A Ragtime*** spielt die linke Hand die Akkorde C-Dur, F-Dur, G-Dur und D-Dur. Dabei werden die Akkorde aufgeteilt und erhalten einen Wechselbass. Der C-Dur-Akkord wird abwechselnd mit dem **c** im Bass und dann einem **g** im Bass gespielt, danach wieder die Terz mit der Quinte. Diese Spielweise wird auch in der Marsch-Musik benutzt.

45

A Ragtime

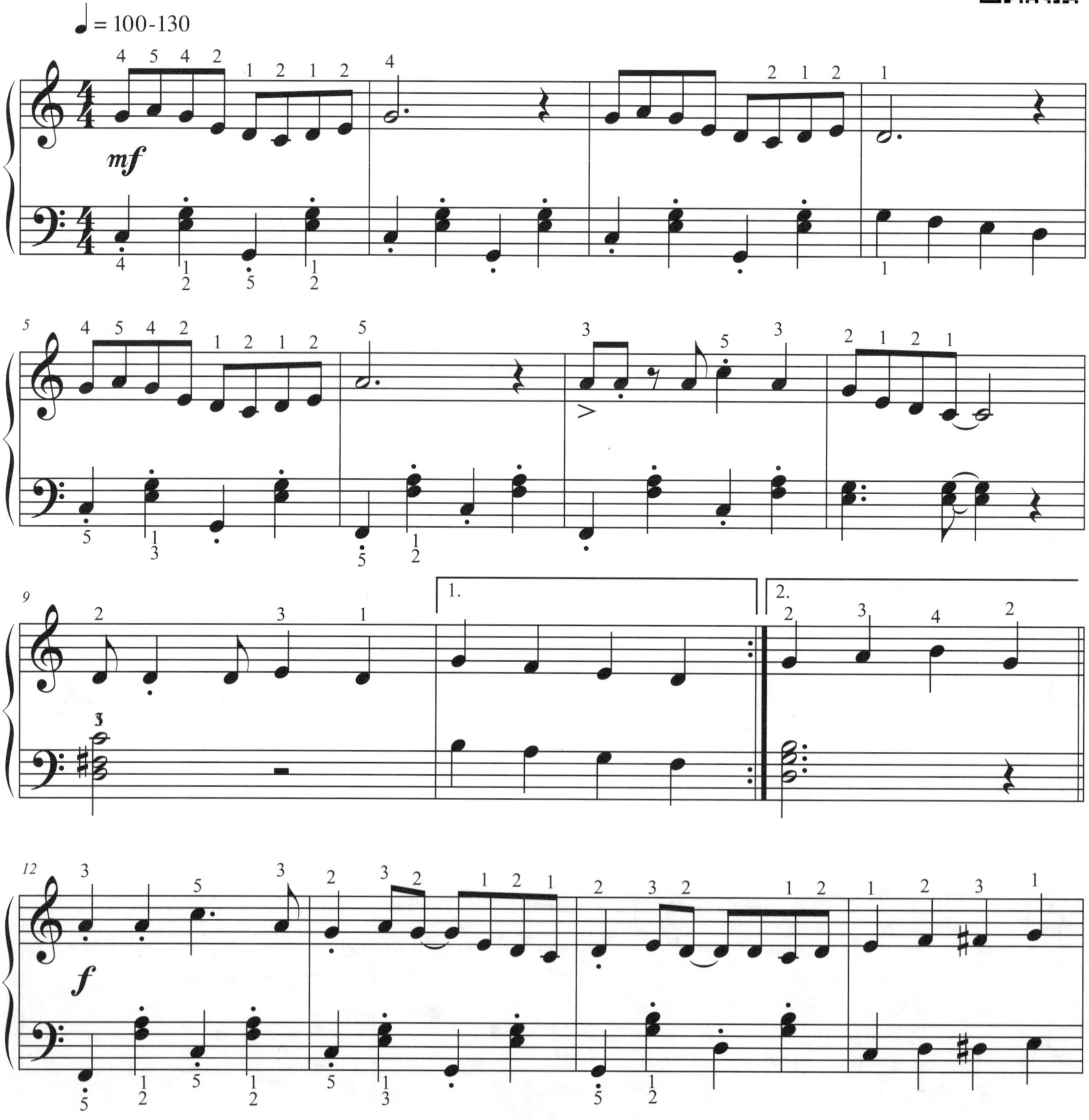

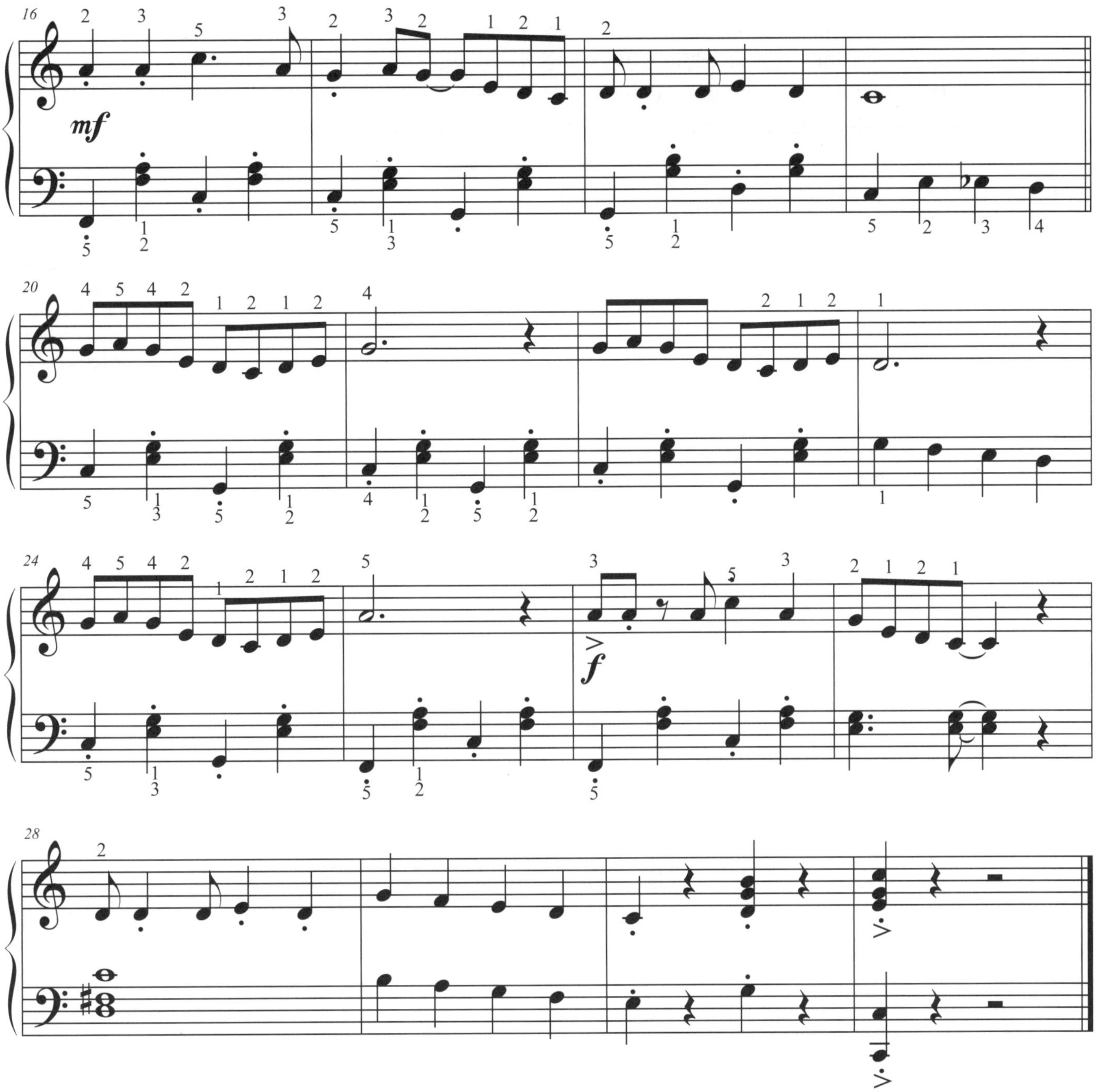

46

Neue Töne im Violinschlüssel

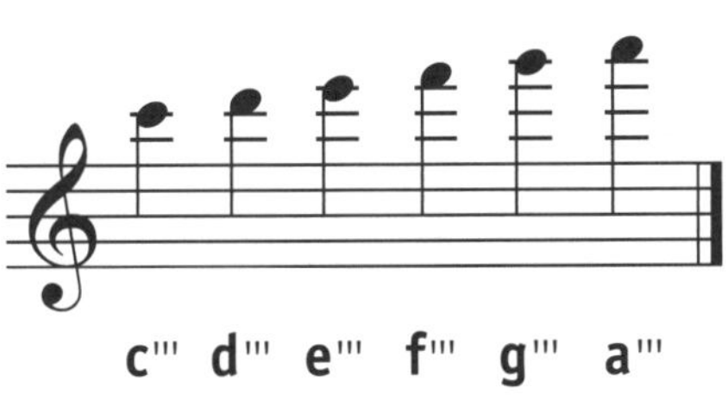

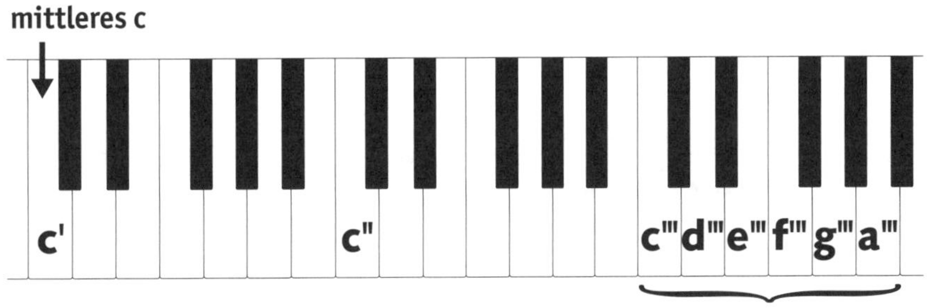

Das nächste Stück ist ein Walzer in A-Moll und wir lernen dafür die hohen Töne vom **c'''** bis zum **a'''** kennen.

- Auf der zweiten Hilfslinie sitzt das **c'''** und das sollte man einfach auswendig lernen.
- Auf der dritten Hilfslinie sitzt das **e'''** und auf der vierten Hilfslinie das **g'''**.
- Die linke Hand spielt die Akkorde Am, Dm^7, G-Dur, $Cmajor^7$, E^7 und Dm.

47

L'Amour

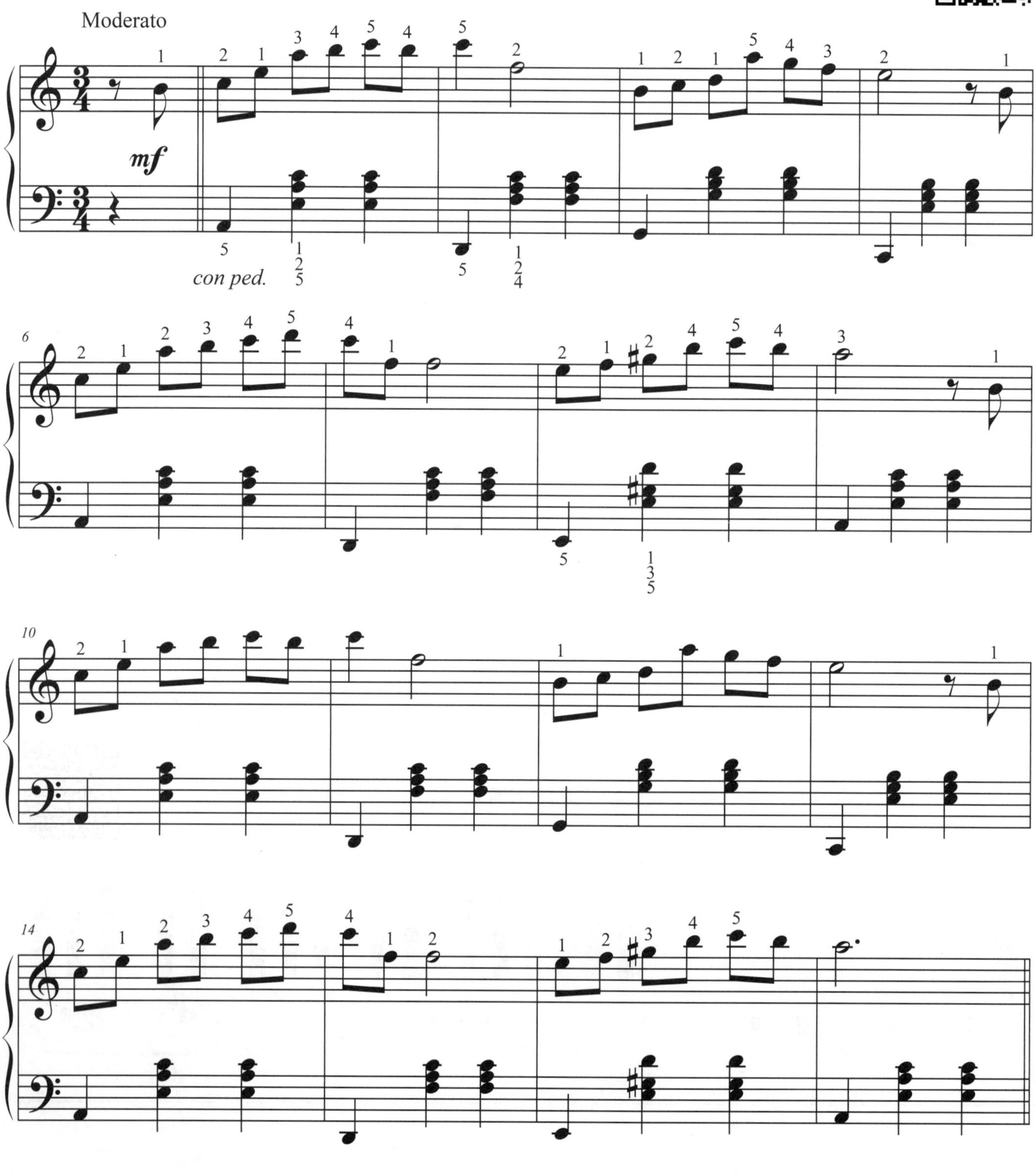

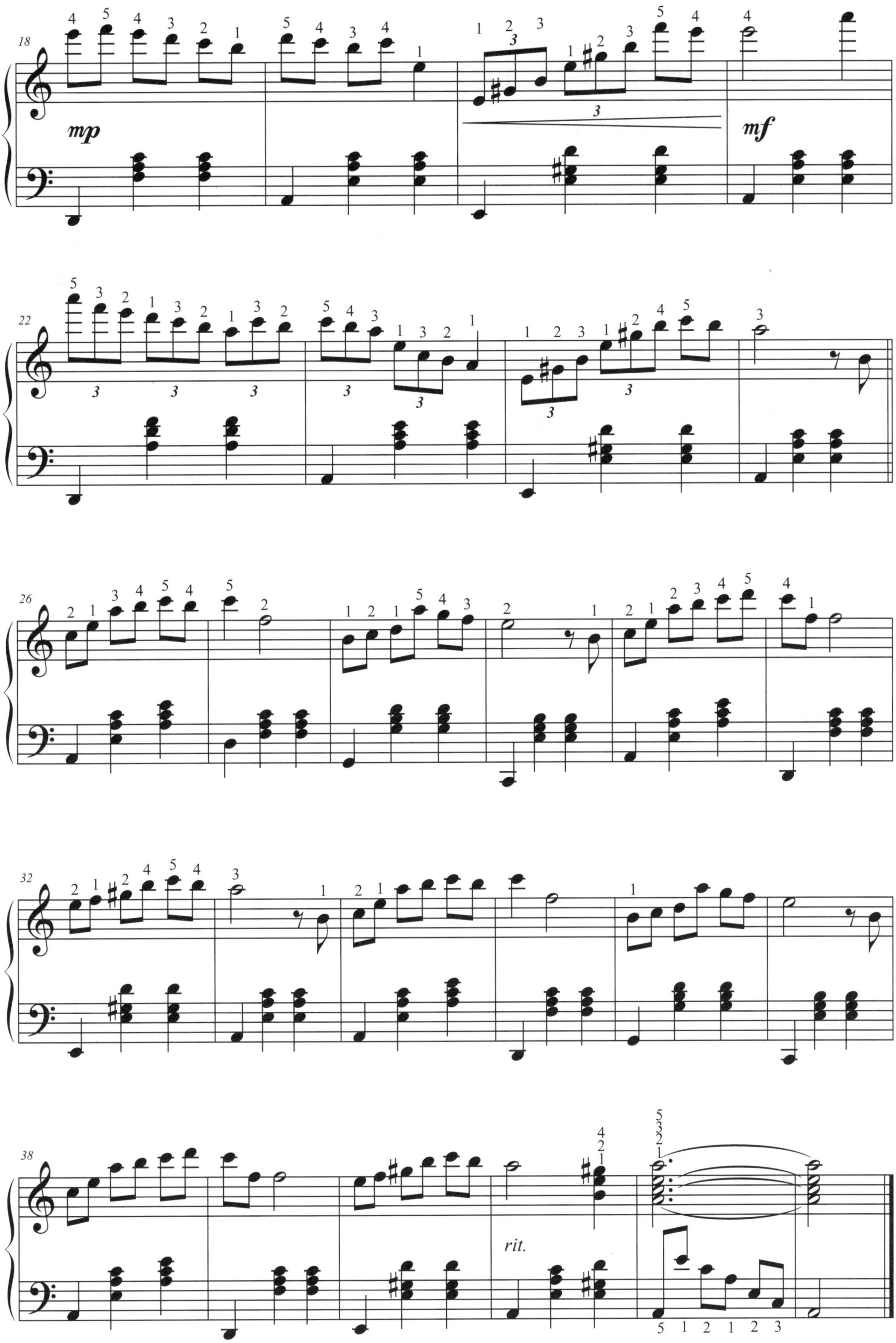
mp
mf
rit.

Das Spielen einer Melodie mit der linken Hand

Melodien werden sehr oft mit der rechten Hand gespielt und die linke Hand übernimmt die Begleitung dieser Melodie. Es kann aber auch vorkommen, dass die linke Hand eine Melodie zu spielen hat und die rechte Hand die Begleitung übernimmt. Im folgenden Stück kommt genau das vor.

48 Sunrise

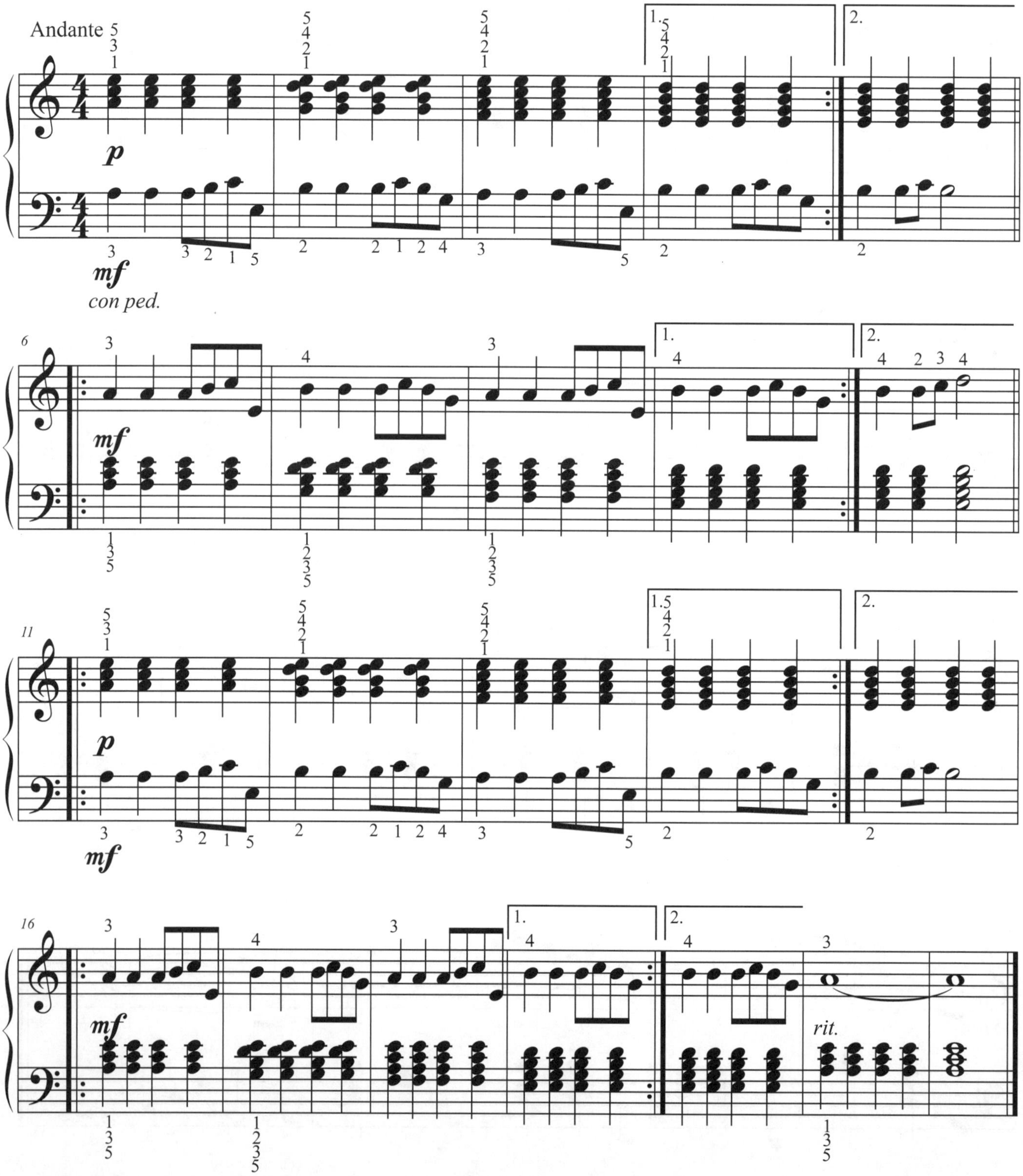

Nachdem bisher alle Blues- und Boogie-Woogie-Stücke in der Tonart C-Dur geschrieben waren, lernen wir nun ein Blues- und Swing-Stück in der Tonart F-Dur kennen.

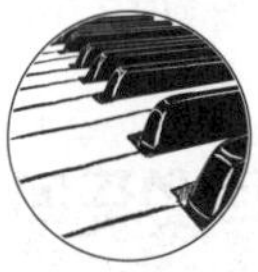

Die Achtel der Melodie sollen im Swing-Stil gespielt werden. Achte auch auf die punktierten Achtelnoten im Bass-Schlüssel.

49

Slow Blues

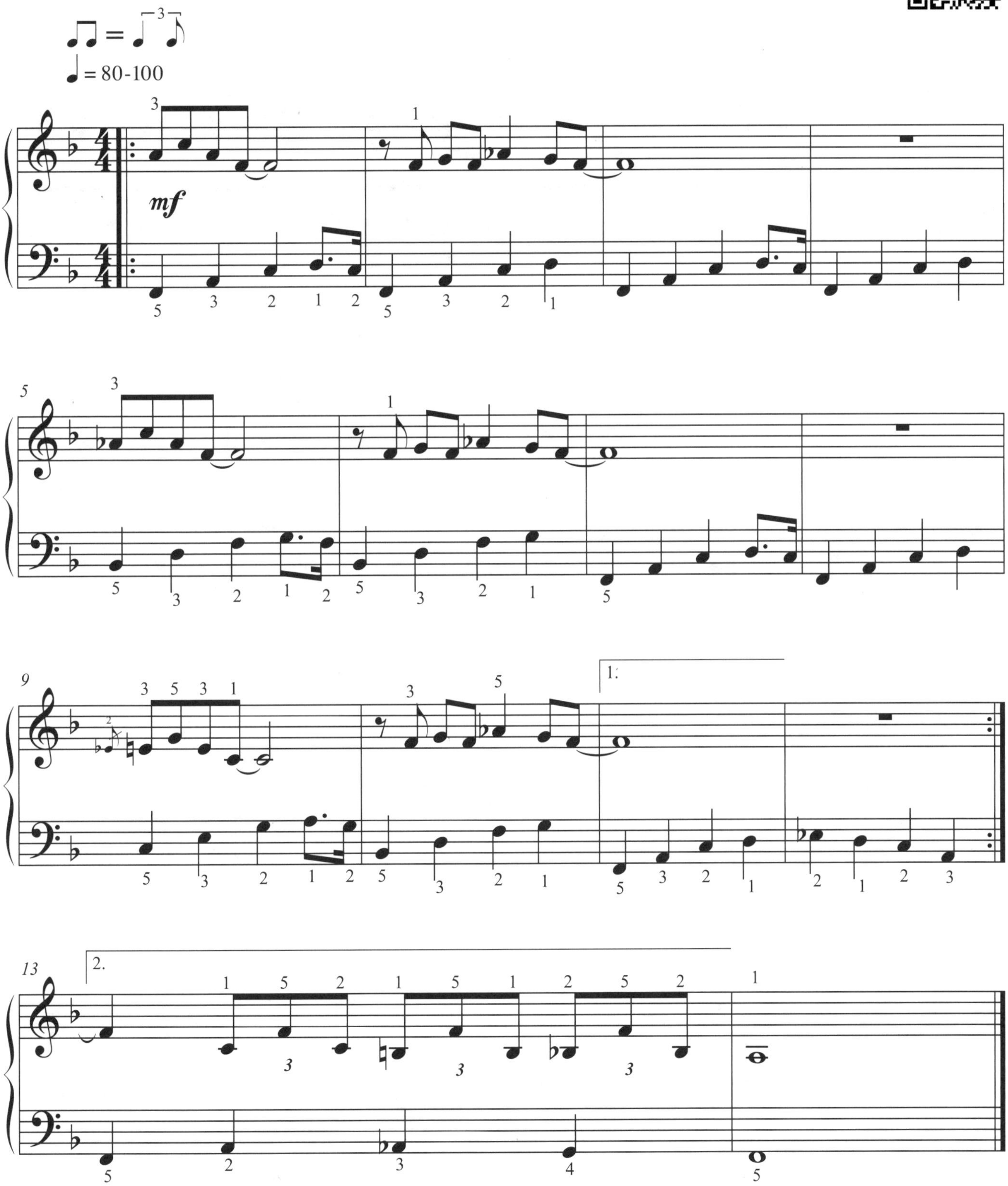

Die rechte Hand spielt im ersten Teil dieses Rock-Stücks die zweiten Umkehrungen der Akkorde F-Dur, G-Dur, A-Moll, E-Moll, D-Moll und C-Dur.
Im zweiten Teil kommen noch die zweiten Umkehrungen der Akkorde B-Dur und D-Dur dazu. Am Ende wird die erste Umkehrung des D-Moll Akkordes gespielt.

50

Rock

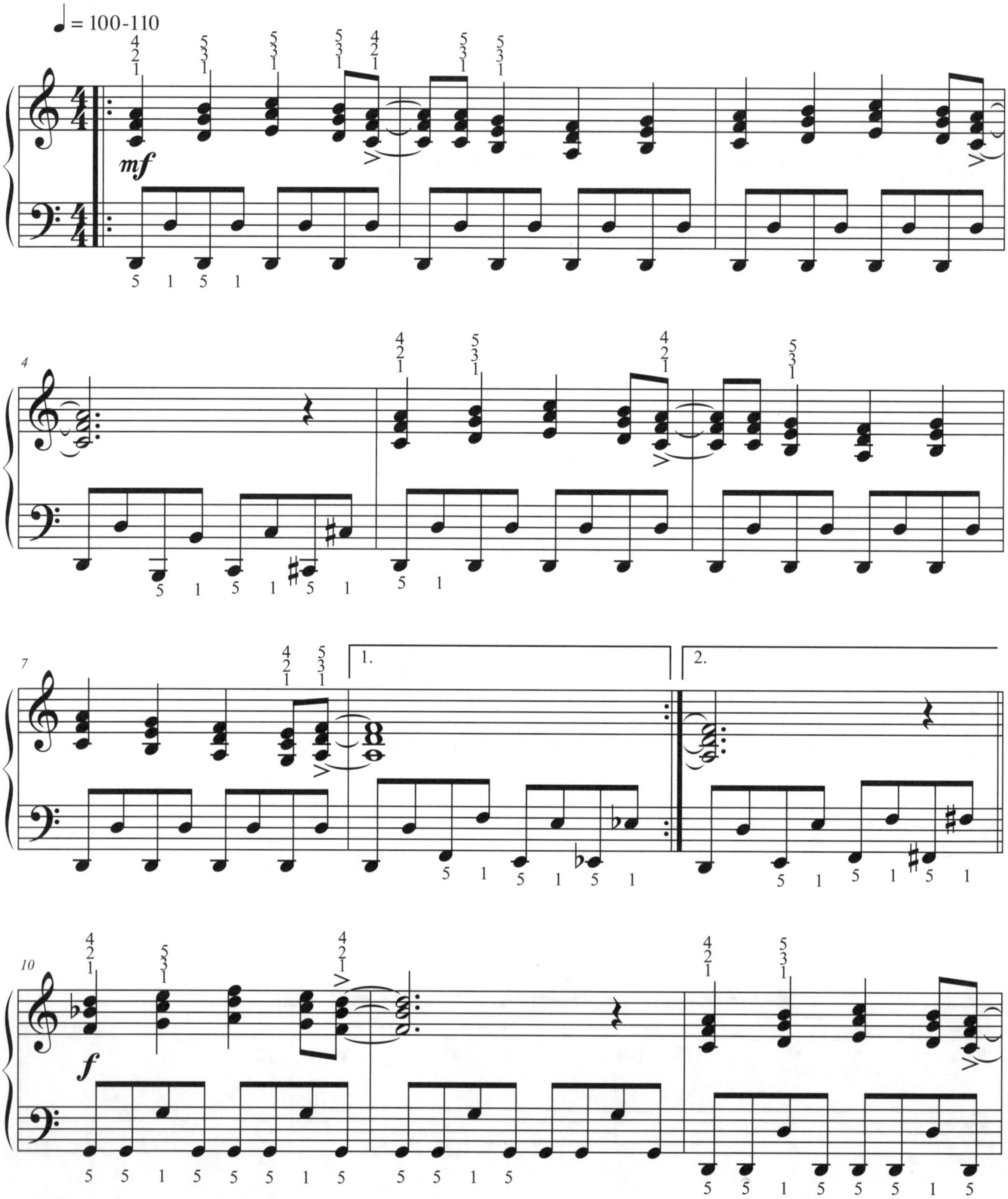

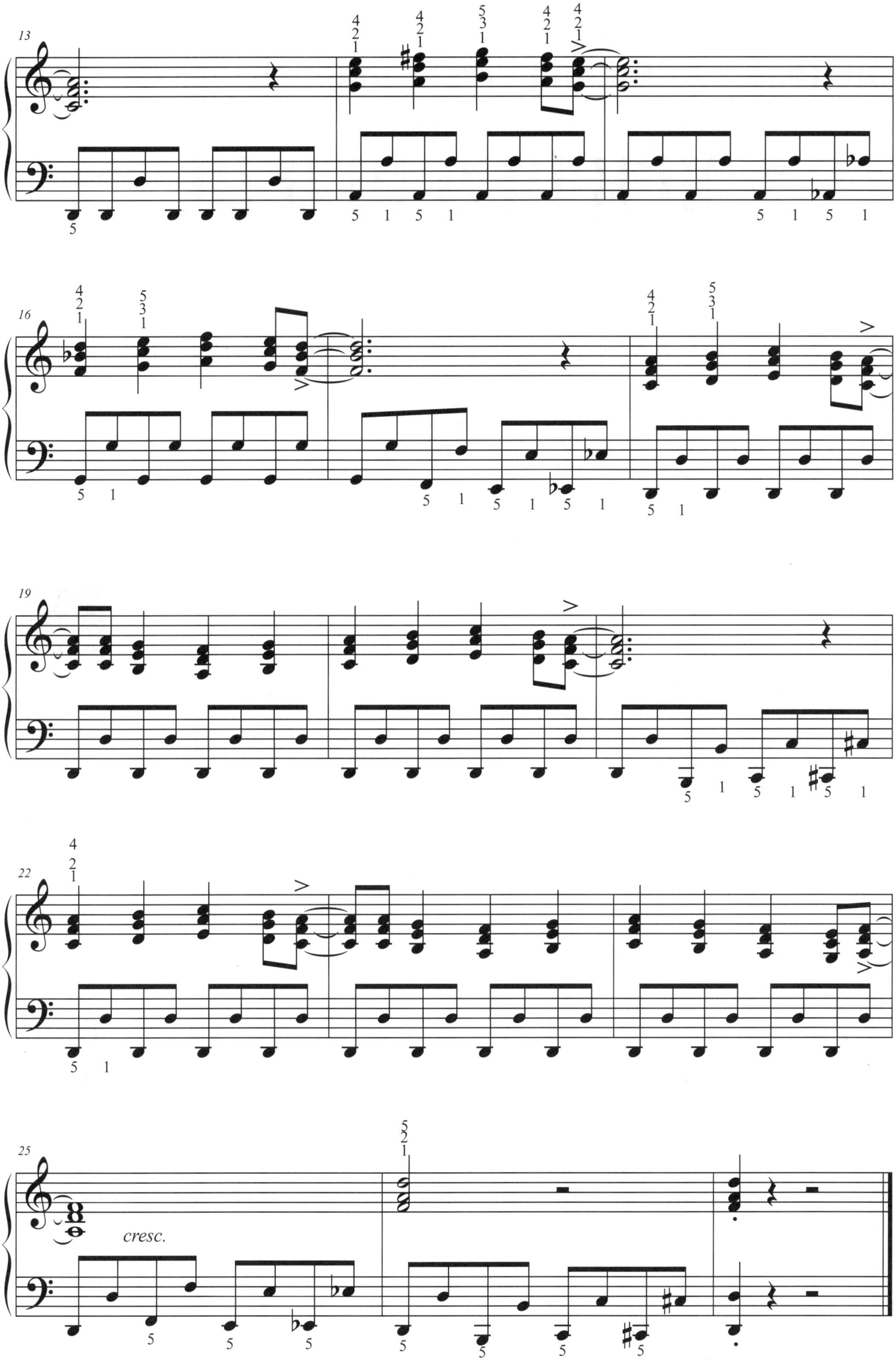
cresc.

Die Tonart A-Dur und ihre Grundposition

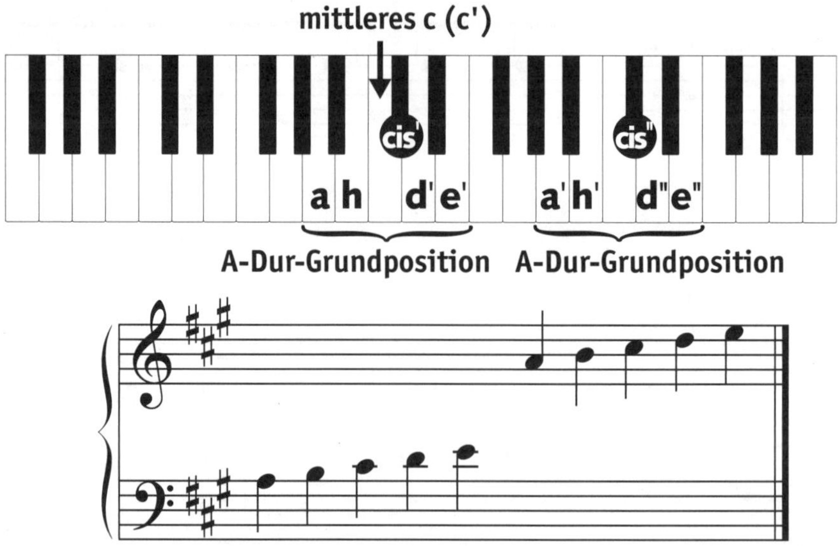

Vorzeichen der A-Dur Tonart

Die Tonart A-Dur hat drei Kreuz-Vorzeichen, **f** wird zu **fis**, **c** zu **cis** und **g** zu **gis.** In der A-Dur Grundposition spielen die Mittelfinger ein **cis.**

51

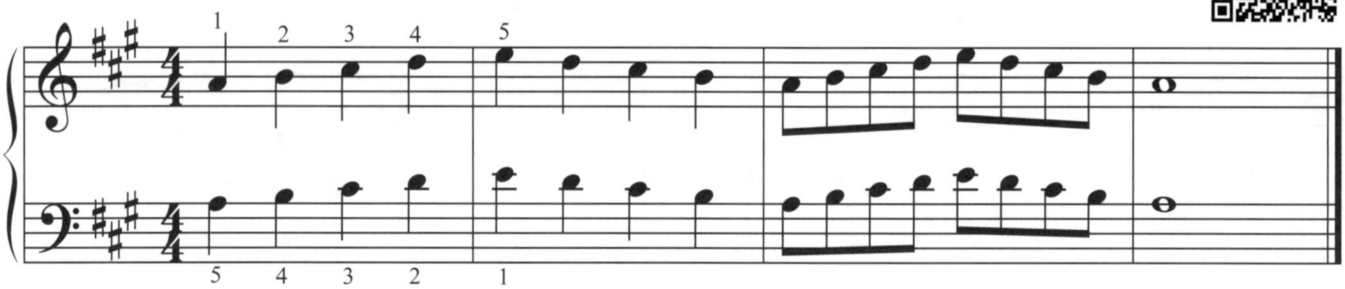

52-1

A-Dur-Akkord

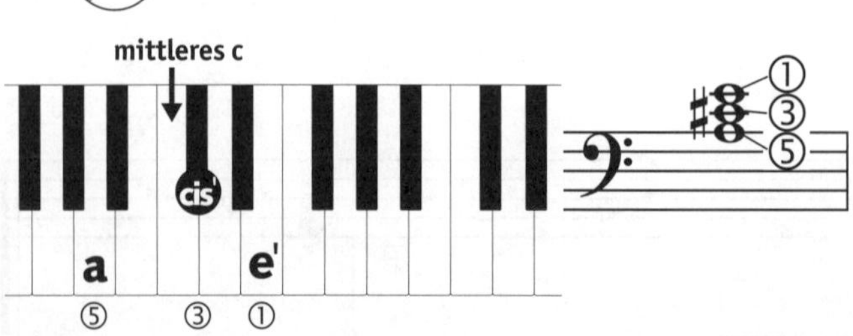

52-2

E^7-Akkord 1. Umkehrung

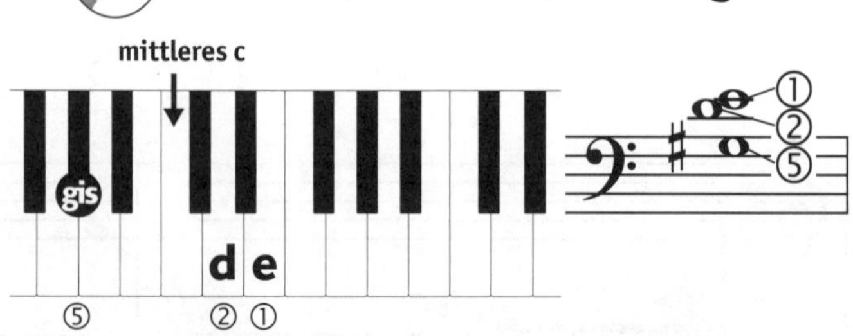

53 Übung mit den Akkorden A-Dur und E^7

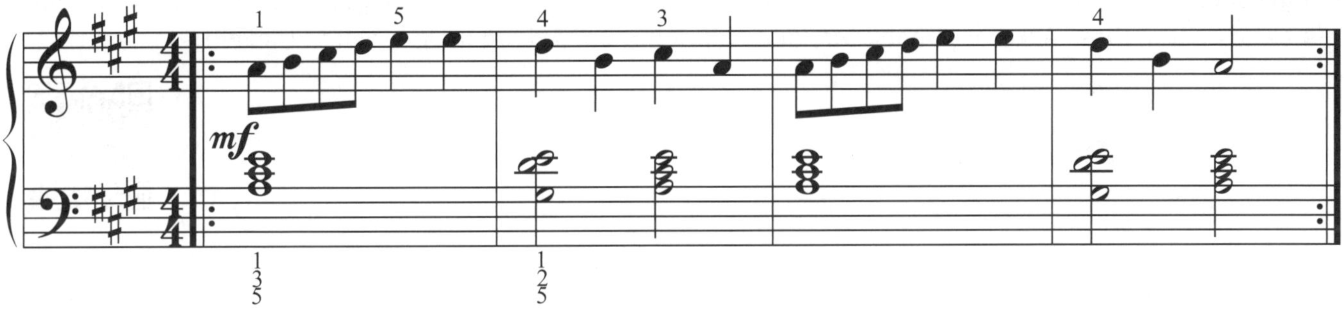

In diesem Stück wird der A-Dur Grundakkord und der E-Dur Akkord in der ersten Umkehrung mit den Tönen **gis**,**h** und **e** gespielt. In Takt 3 lernen wir einen neuen Akkord kennen, den Fis-Moll Grundakkord. Er besteht aus den Tönen **fis**, **a** und **cis**.

54 Spiel mit den Akkorden A-Dur, E-Dur und Fis-Moll

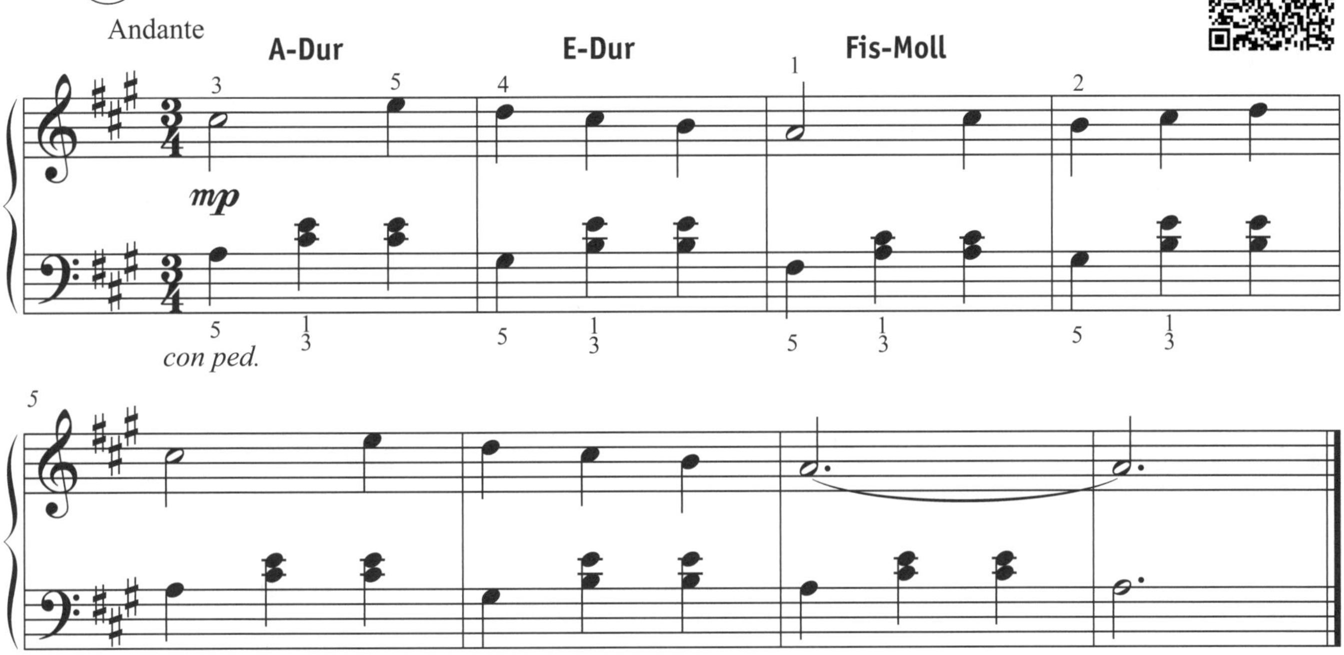

Die A-Dur-Tonleiter

55

Der Fingersatz der A-Dur Tonleiter ist bekannt, er wurde schon mit den Tonleitern C-Dur, G-Dur und D-Dur gespielt.

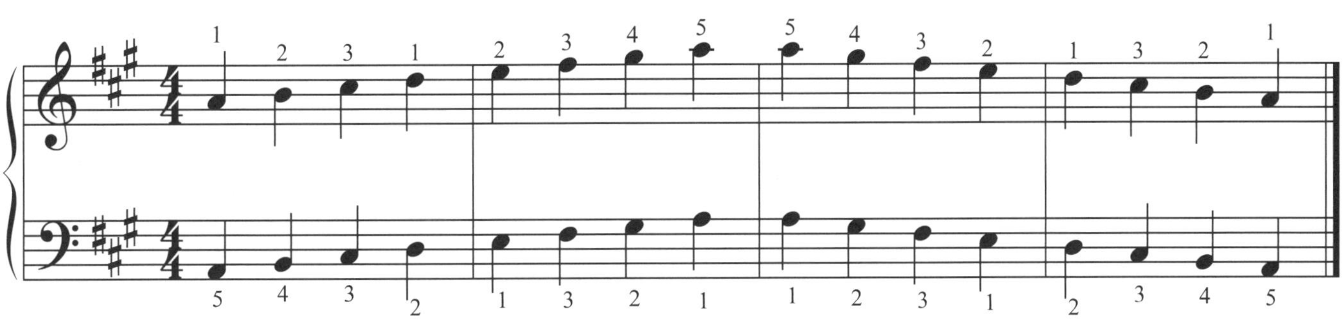

Im nächsten Stück werden alle Töne der Tonart A-Dur gespielt. Über den Takten 1 bis 8 steht welcher Akkord jeweils zugrunde liegt. Das **gis** hinter dem E und dem Querstrich bedeutet, dass der tiefste Ton des Akkordes ein **gis** sein soll. In diesem Fall weist das **gis** hinter dem E darauf hin, das Arpeggio des Akkordes E-Dur mit **gis** zu beginnen. Diese Akkordsymbolik wird auch für den E-Dur Akkord in der zweiten Umkehrung benutzt.

56

Walzer in A-Dur

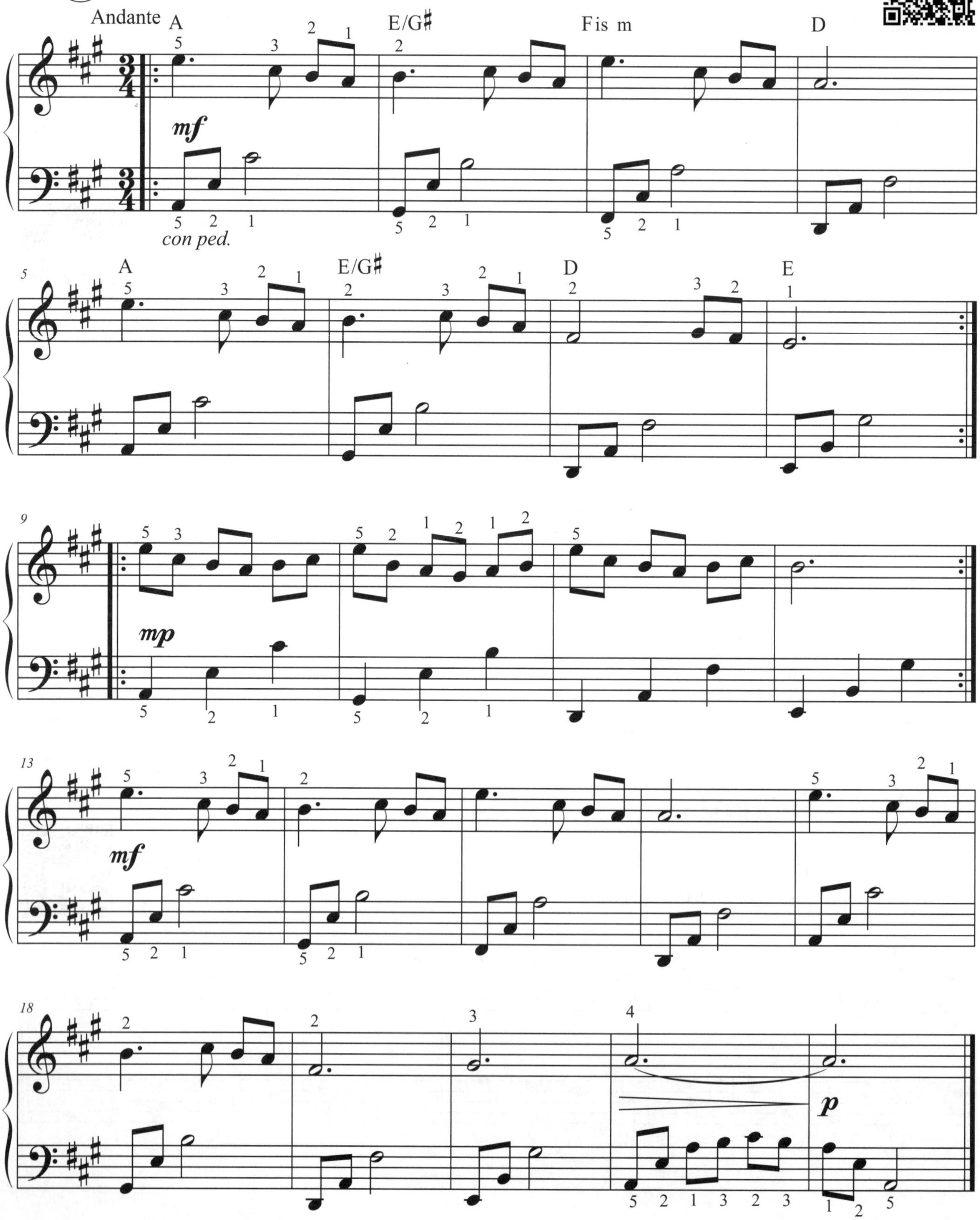

Die Vorschlag-Noten werden in diesem Stück gleichzeitig mit den nachstehenden Noten, den Hauptnoten angeschlagen, aber nicht gehalten, sondern so schnell wie möglich wieder losgelassen.

57

It sounds like Rock

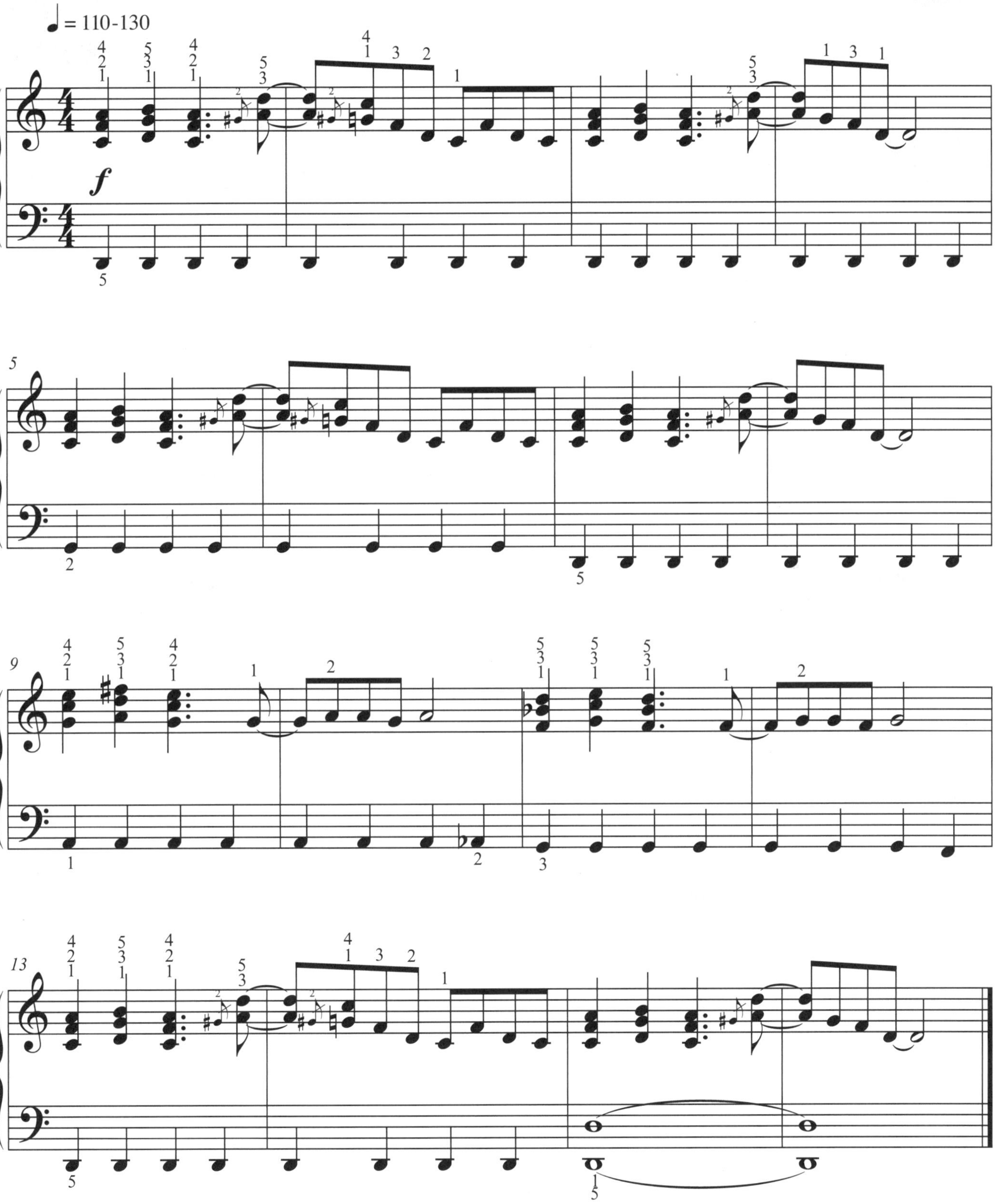

Die nächste kleine Komposition ist von Frederic Chopin und seinem romantischen Stil inspiriert. Die Stücke von Chopin sind technisch sehr anspruchsvoll und auch umfangreich.
Vor allem die linke Hand spielt oft ungewöhnliche Arpeggien, deshalb wurde das ***Nachtstück*** im Stil Chopins vereinfacht und sehr kurz gehalten.

58

Nachtstück Chopin/Rupp

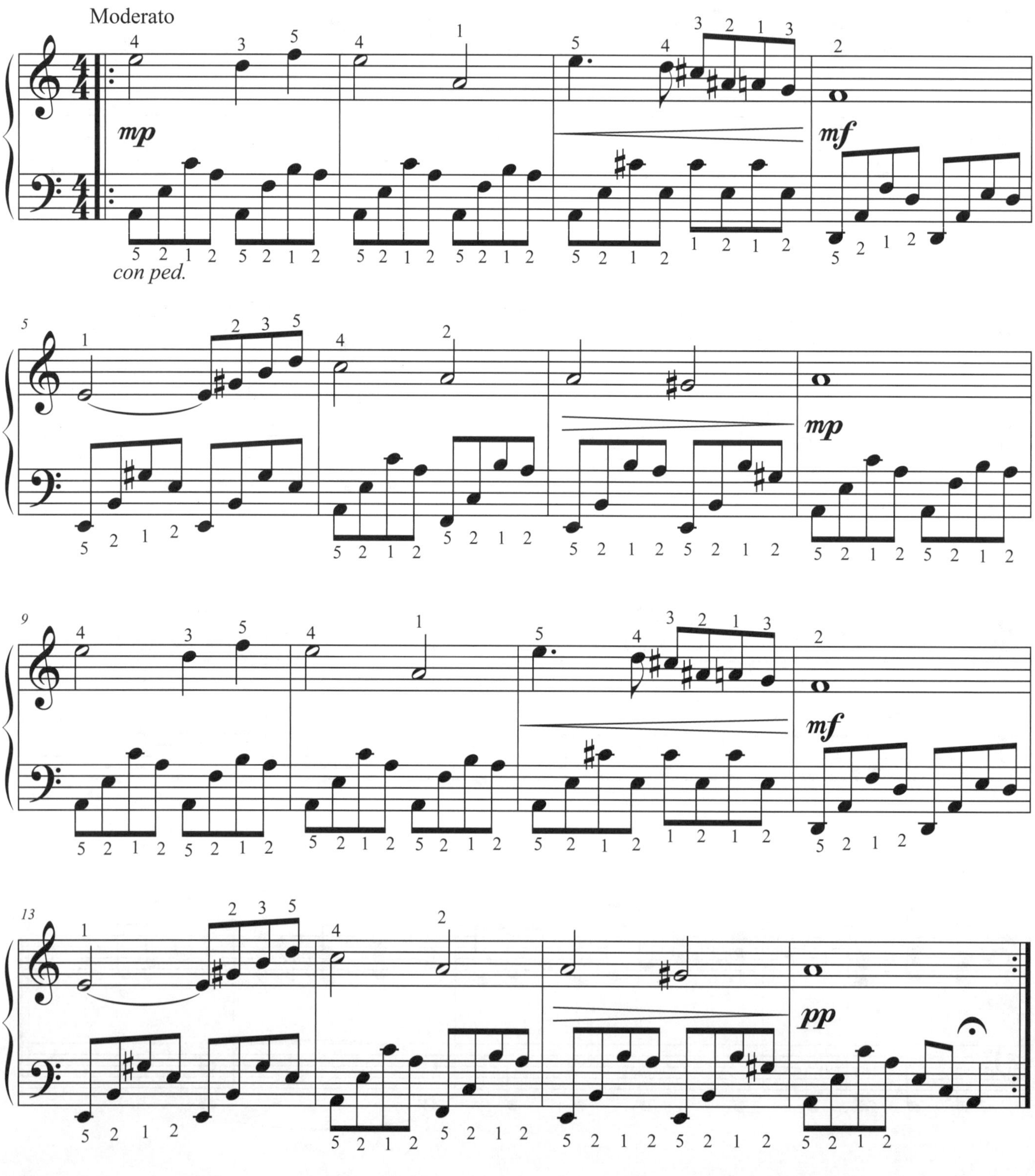

Der Pralltriller

Der Pralltriller ist eine weitere Verzierung, bei der ein Melodieton mit anderen Tönen umspielt wird. Wenn ein Pralltriller gespielt werden soll, dann steht dieses Zeichen: 𝆗
Eine kurze, gezackte Wellenline über oder unter der Hauptnote gibt damit die Anweisung, einen schnellen Wechsel mit der oberen Nebennote auszuführen. Die obere Nebennote hat den Abstand einer Sekunde zur Hauptnote. Ob es dabei eine kleine oder große Sekunde ist, hängt von dem Platz der Hauptnote innerhalb der Tonart ab.

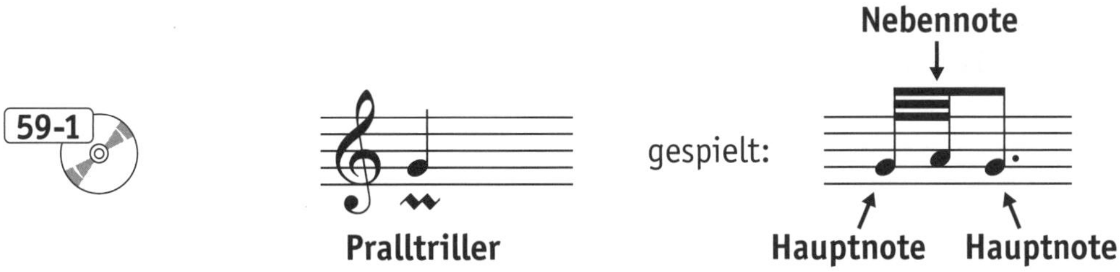

Zum Beispiel werden in der Tonart C-Dur, der C-Dur Tonleiter entsprechend, die Töne **c**, **d**, **f**, **g** und **a** mit den Nebennoten abgewechselt, die im Abstand einer großen Sekunde über den Haupttönen gespielt werden, also **c** wechselt mit **d**, **d** mit **e**, **f** mit **g**, **g** mit **a** und **a** mit **h**.
Den Tönen **e** und **h** folgt innerhalb der Tonleiter ein **f** und ein **c** in Halbtonschritten.
Nach dem 3. und 7. Ton einer Dur-Tonleiter wird also eine kleine Sekunde gespielt, während auf dem 1., 2., 4., 5. und 6. Ton jeweils eine große Sekunde als Nebennote folgt.

Der Mordent

Der Mordent (ital.= Beißer) wird mit einer kurzen, gezackten Wellenlinie und einem senkrechtem Strich durch die Wellenlinie über oder unter einer Hauptnote angezeigt (𝆘).
Der Mordent wird im Gegensatz zum Pralltriller so ausgeführt, dass die Hauptnote einmal mit der tieferen Nebennote schnell gewechselt wird. Ob der Abstand eine kleine oder große Sekunde ist, hängt auch hier wieder von der Stellung der Haupttöne innerhalb der jeweiligen Dur-Tonleiter ab.

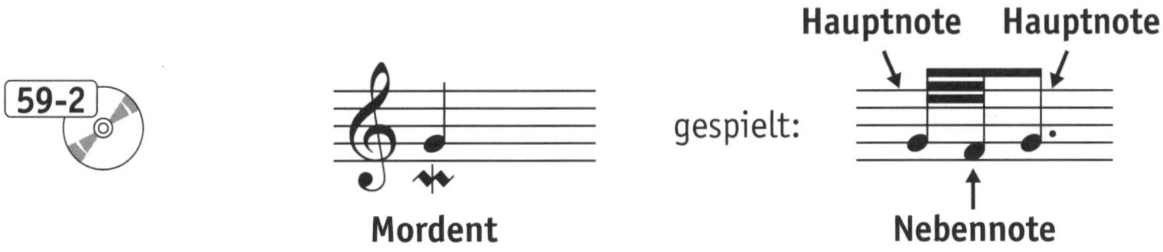

Im nächsten Stück von J. S. Bach werden mehrere **Pralltriller** und ein **Mordent** gespielt.

- In Takt 4 ist die Hauptnote ein **d**'' und die Nebennote ein **es**''.
- In den Takten 8 und 9 sind die Hauptnoten **a**' sowie **a**'', die Nebennoten sind **b**' und **b**''.
- In Takt 13 ist dann ein Mordent zu spielen. Die Hauptnote ist das **f**'' und die untere Nebennote ein **e**, denn das Auflösungszeichen unter dem Mordent-Zeichen bedeutet, dass das es zu einem **e** aufgelöst werden soll. Hauptnoten und Nebennoten haben in diesen Takten den Abstand einer kleinen Sekunde.
- In Takt 15 ist die Hauptnote **c**'' und die Nebennote **d**'', hier ist der Abstand eine große Sekunde.
- Die Hauptnote in Takt 22 ist das **d**'' und die Nebennote ist wieder ein **es**''.
- Im vorletzten Takt ist die Hauptnote ein **b**' und die Nebennote **c**''.

60

Menuett in G-Moll

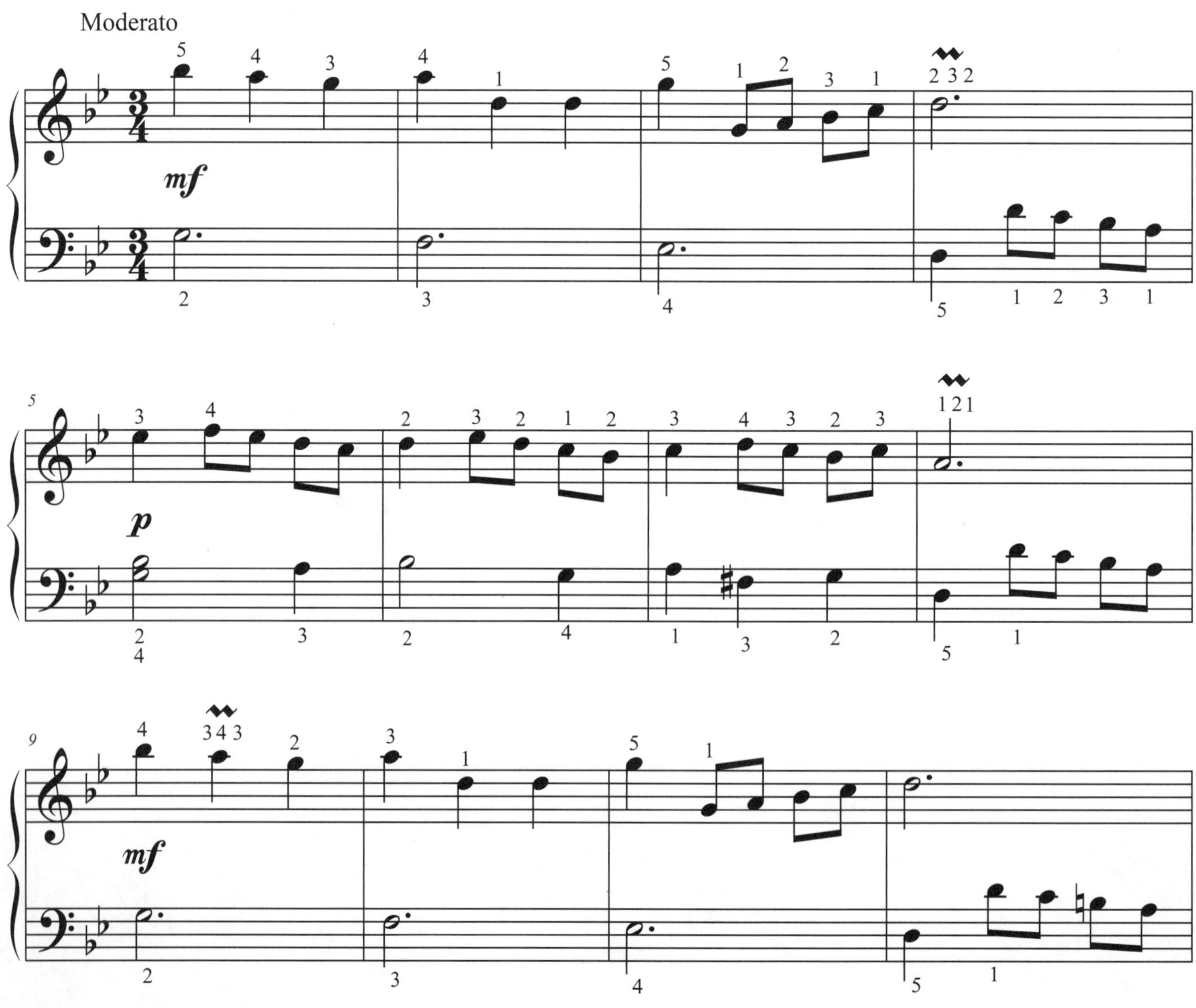

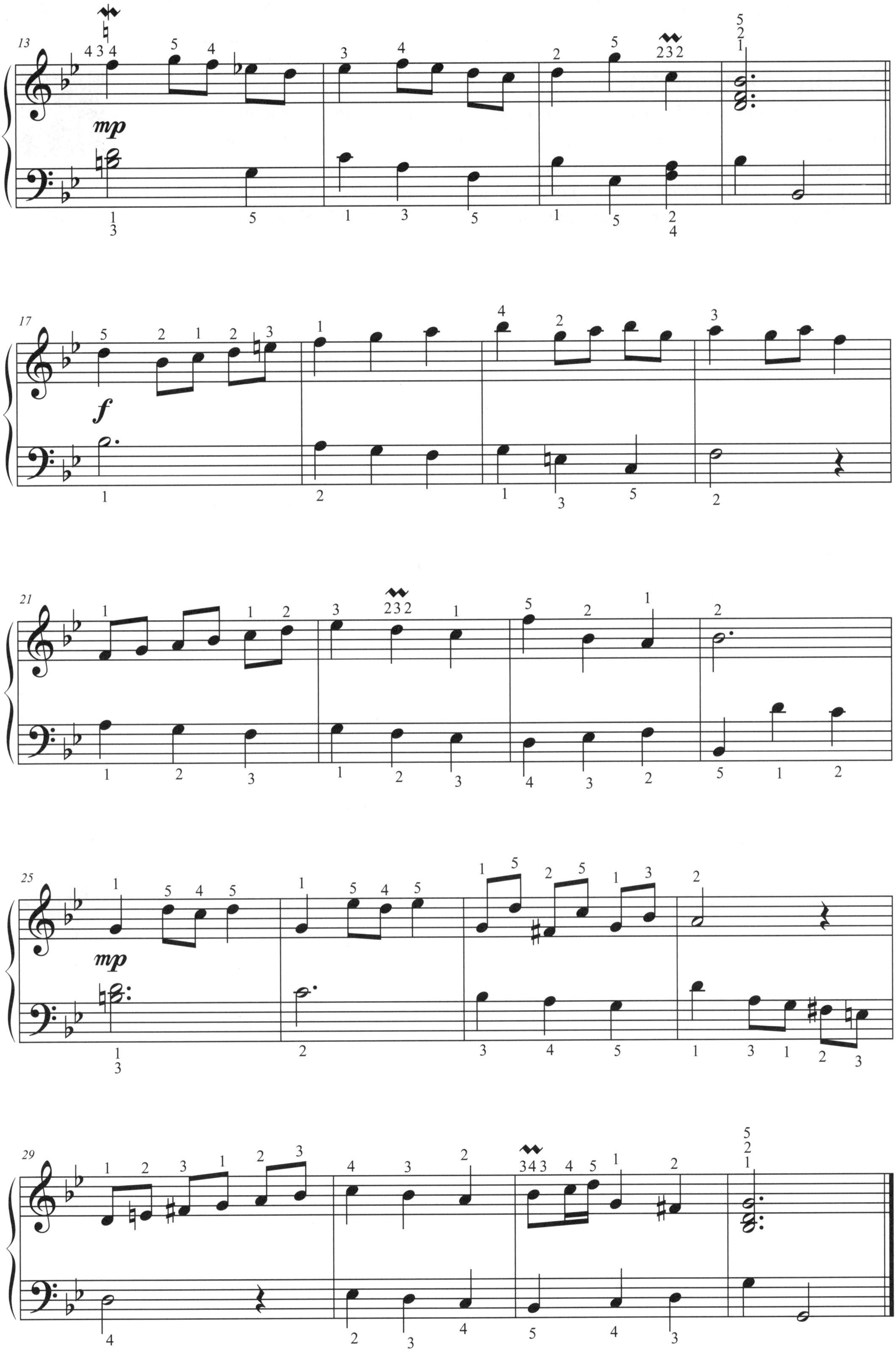
mp
f
mp

Die Dur-Pentatonik

Die Dur-Pentatonik (griech. penta: fünf) wird mit nur fünf Tönen einer Dur-Tonleiter gespielt. Um eine Dur-Pentatonik zu erhalten, werden der 4. Ton, die Quarte, und der 7. Ton, die große Septime einfach nicht gespielt. Im nachfolgenden Beispiel werden aus der C-Dur Tonleiter die Töne **f** (Quarte) und **h** (große Septime) nicht benutzt und es bleibt nur noch der Grundton **c**, die große Sekunde **d**, die große Terz **e**, die Quinte **g** und große Sexte **a** übrig. Die Fünftonleiter eignet sich hervorragend zum freien Spielen auf dem Klavier. Spielt man nur diese fünf Töne in beliebiger Reihenfolge, dann klingt das Ergebnis immer harmonisch!

61-1

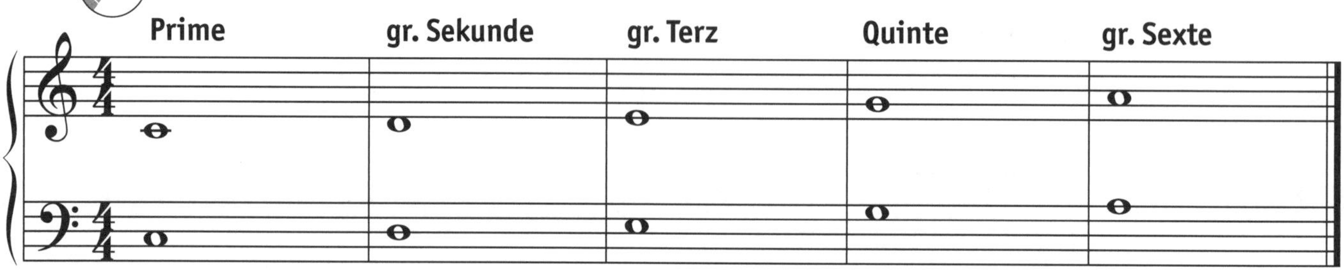

61-2 **So entsteht die Dur-Pentatonik**

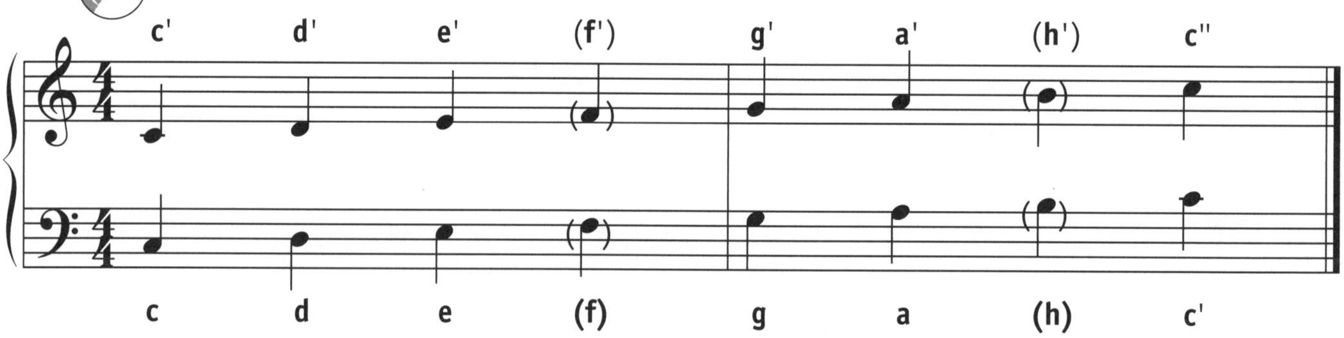

62 Übung mit der C-Dur-Pentatonik

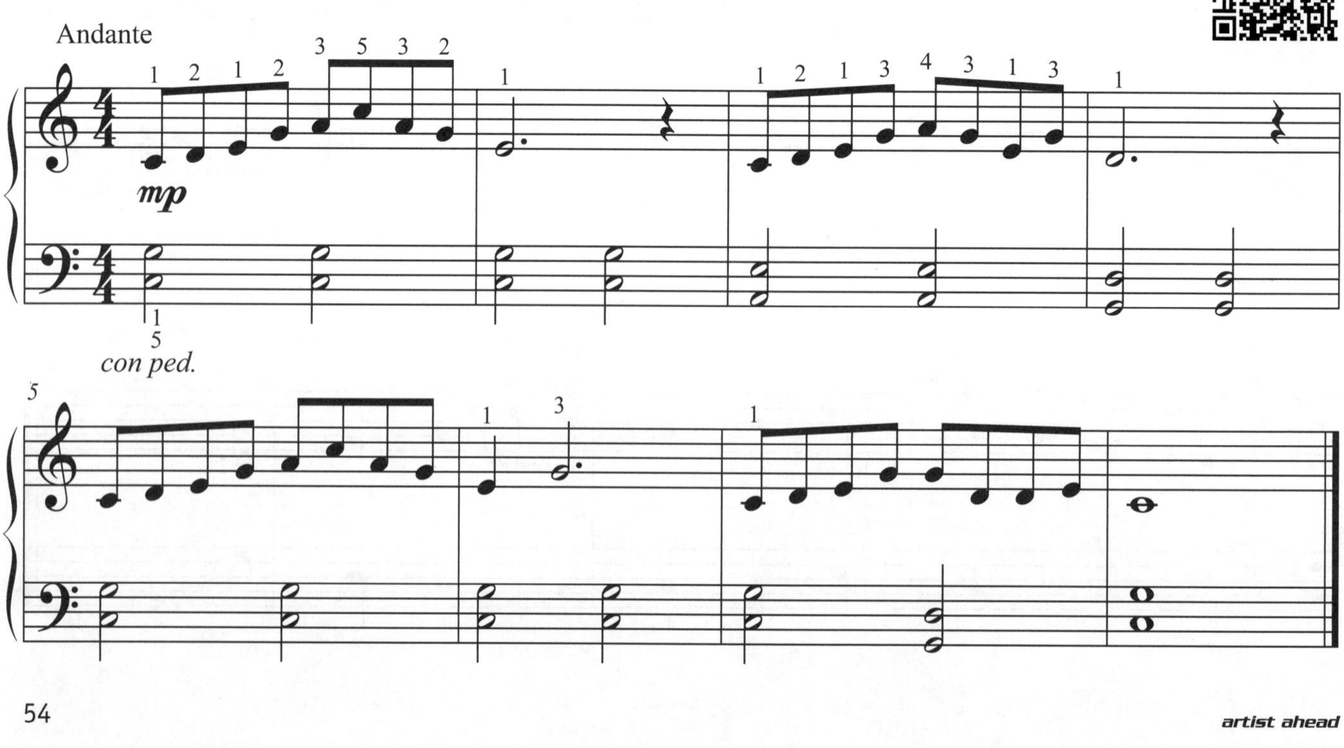

Die Melodie besteht im nächsten Stück nur aus den Tönen der C-Dur Pentatonik. Die linke Hand spielt in der Begleitung noch ein **f** und damit nicht nur Töne der Fünftonleiter.

63

In Asien

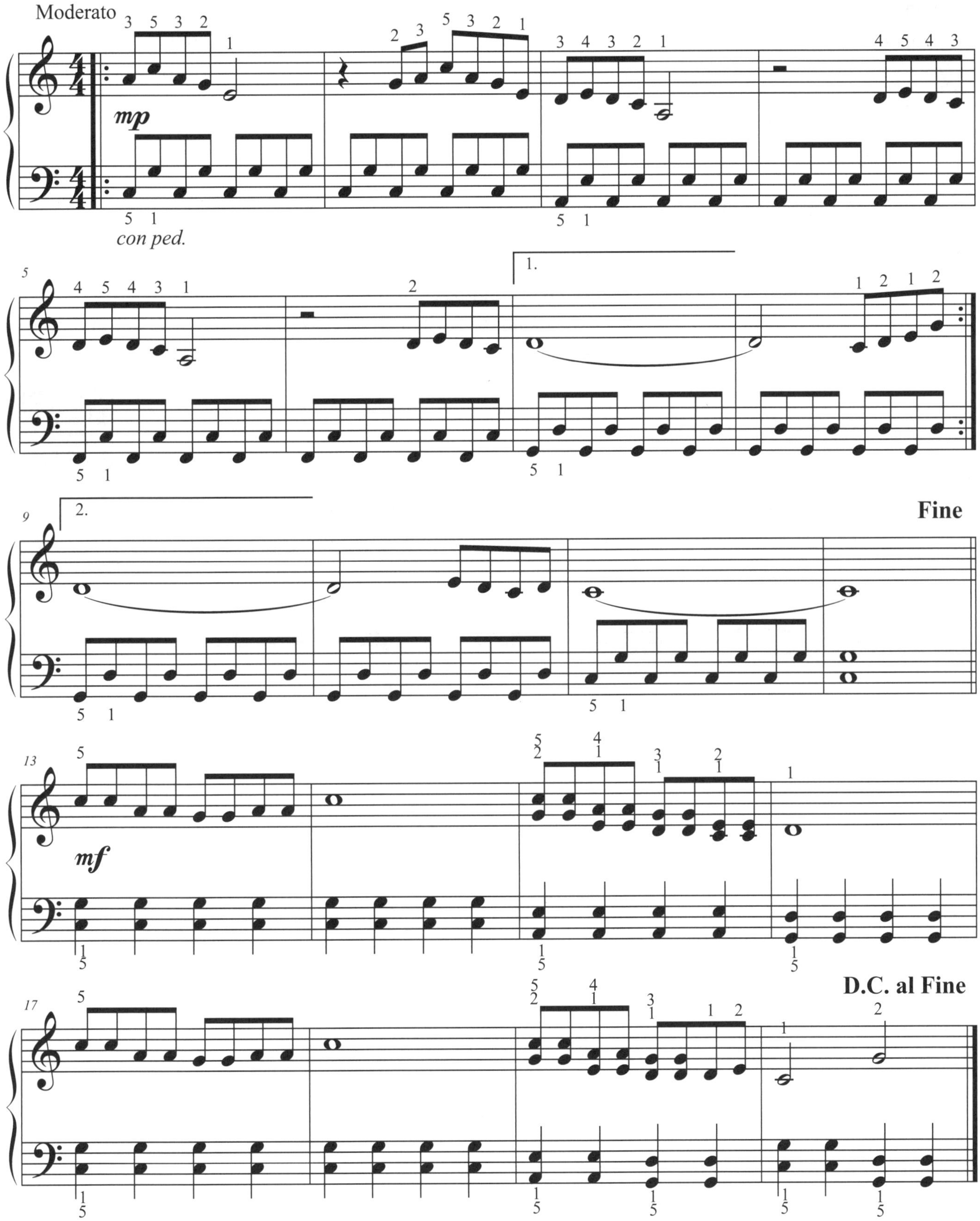

Die Dur-Pentatonik mit den schwarzen Tasten

64

Wenn man nur mit den schwarzen Tasten spielt, also mit den Tönen **ges**, **as**, **b**, **des**, **es**, und mit dem Ton **ges** beginnt, dann spielt man auch eine Dur-Pentatonik, nämlich die Ges-Dur Pentatonik. Die Tonart Ges-Dur wurde bisher noch nicht vorgestellt. Die fünf schwarzen Tasten sind ein Teil dieser Tonart. Spielt man nur mit den schwarzen Tasten, dann sind die Klänge harmonisch, schwebend und man wird an asiatische Musik erinnert.

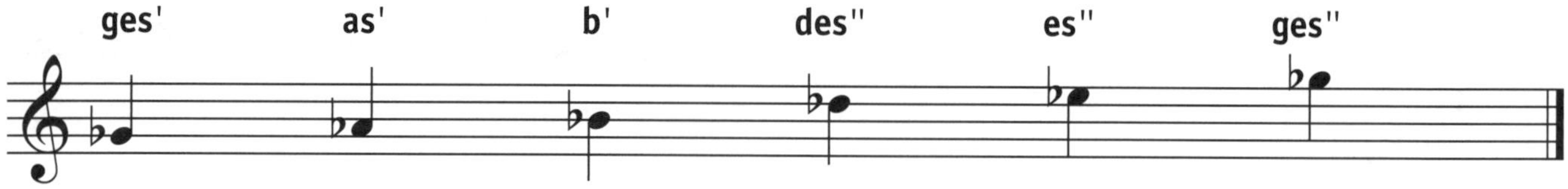

Im Stück ***Black Keys*** spielt die rechte Hand nur schwarze Tasten.
Damit das auch optisch deutlich wird, steht vor jedem Ton ein b-Vorzeichen. Die fünf Töne entstammen der Ges-Durtonleiter. Diese Tonart hat 6 b-Vorzeichen, deshalb wird **g** zu **ges**, **a** zu **as**, **h** zu **b**, **d** zu **des**, **e** zu **es** und das **c** wird zu einem **ces**. Du kennst den Ton bisher nur als den Ton **h**.
Die linke Hand spielt nicht nur schwarze Tasten, sondern auch noch das **ces**. Im Anhang sind die Tonleitern As-Dur, Des-Dur und Ges-Dur aufgeführt.

65

Black Keys

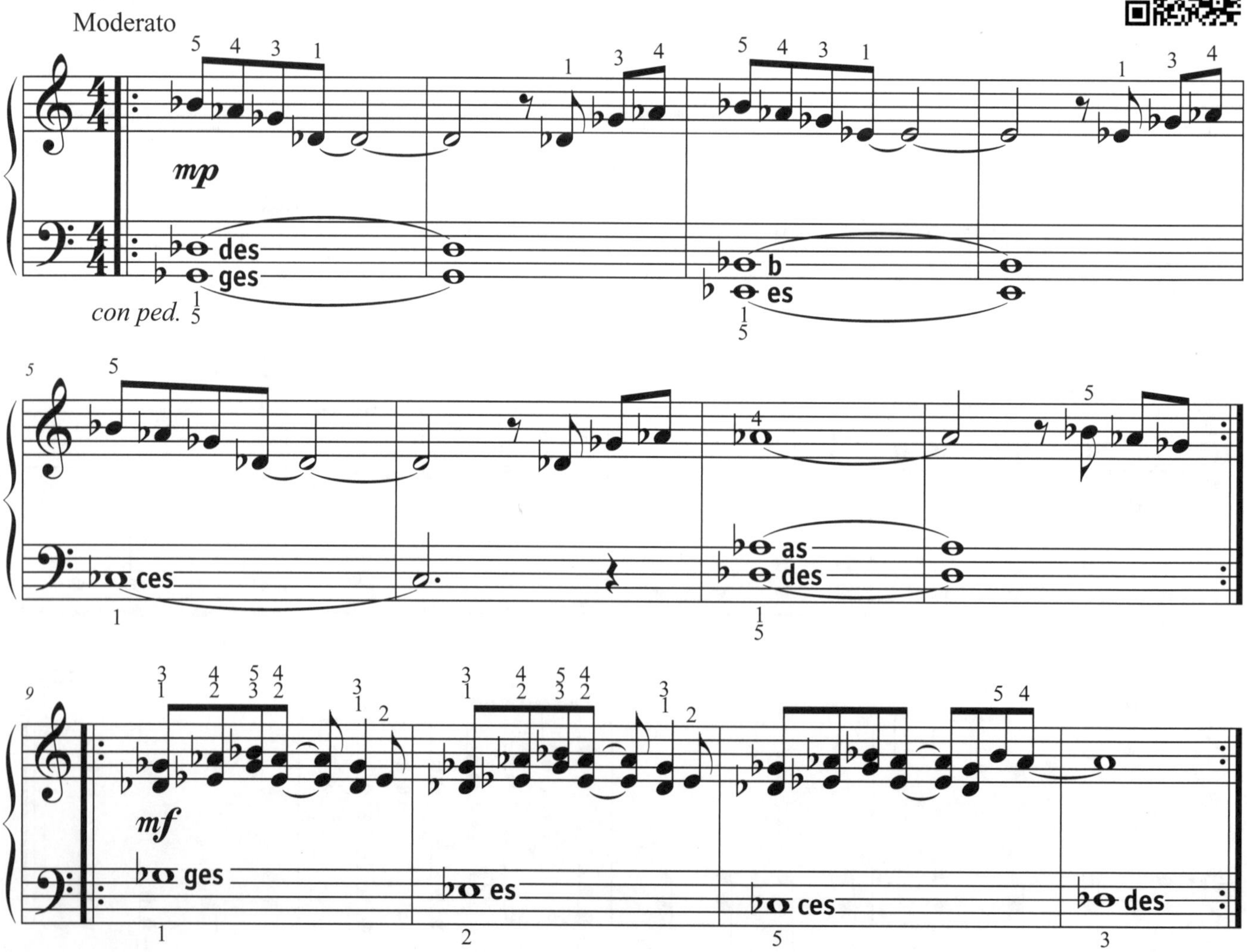

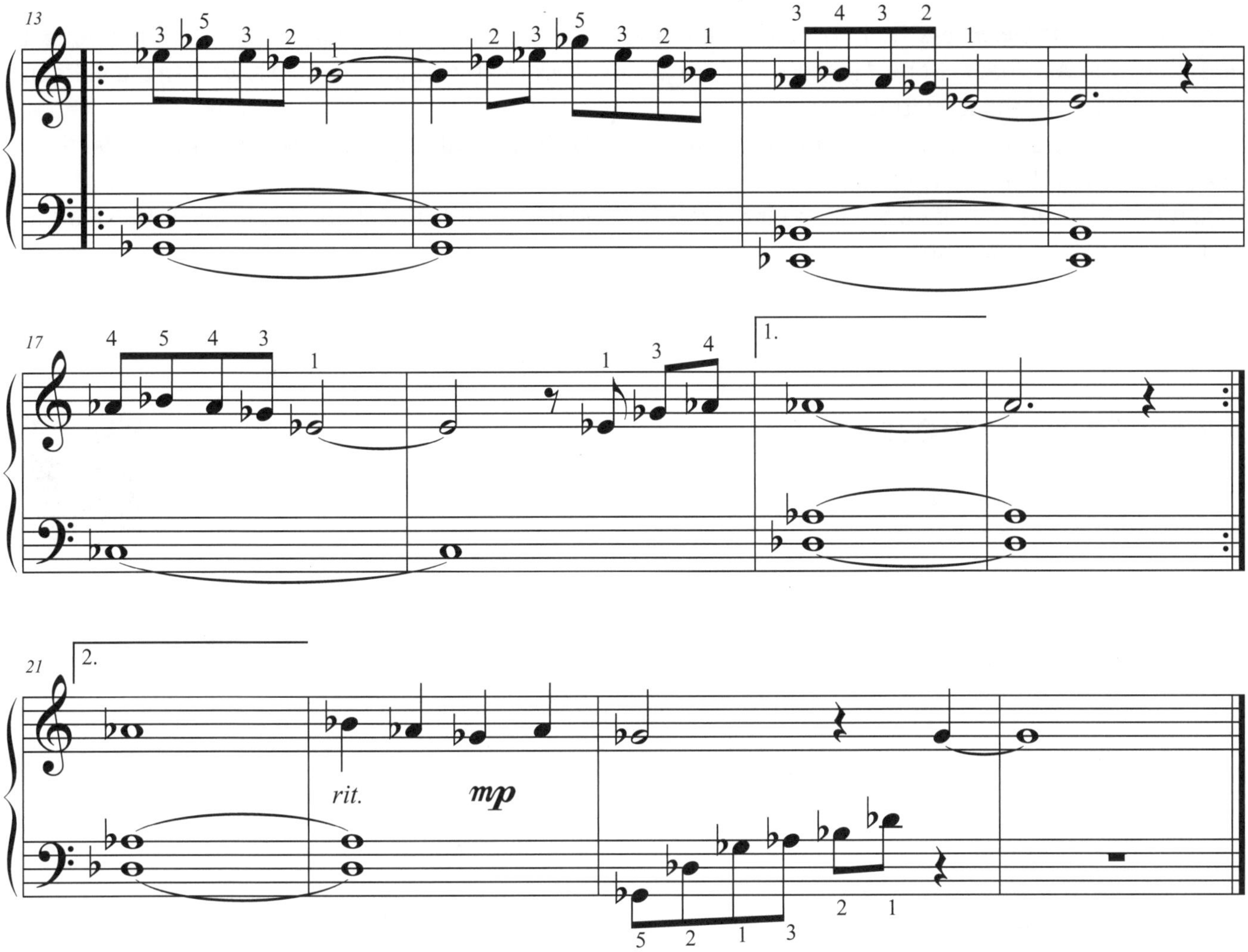

Die None

Die None (latein. nona: die Neunte) ist ein Intervall, das aus einer Oktave und einer Sekunde besteht. Wenn bei einem Akkordsymbol eine 9 steht, zum Beispiel C^9, dann soll dem Akkord eine None hinzugefügt werden. In diesem Fall wird also dem C-Dur Akkord ein **d**, die None von **c**, hinzugefügt.
Betrachtet man die nachfolgenden Noten von **c**' bis **e**'', dann wird deutlich, dass der Ton **d**' dem **c**' im Intervall einer großen Sekunde folgt und der Ton **d**'' als None.

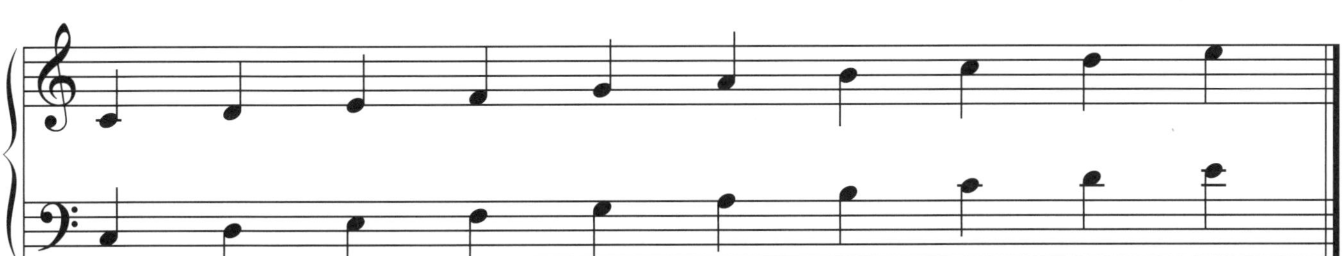

1	2	3	4	5	6	7	8	9	10
Prime	**Sekunde**	**Terz**	**Quarte**	**Quinte**	**Sexte**	**Septime**	**Oktave**	**None**	**Dezime**

In der Komposition ***Princess*** sind die häufigsten Akkorde Gm^9 und C^9. Dem G-Moll Akkord wird die None **a** und dem C-Dur Akkord die None **d** hinzugefügt. Da dieses Stück relativ anspruchsvoll ist, werden die nötigen Akkorde zunächst genauer betrachtet.
Auch die Akkorde Es maj^7 (Es-Dur mit großer Septime **d**), der B^9-Akkord (B-Dur mit der None **c**) und der Gm^7-Akkord (in der 3. Umkehrung) sind neu.
In den Takten 27 bis 29 und 48 bis 50 spielt die rechte Hand die Akkorde G-Moll, G-Moll in der 1. Umkehrung und G-Moll in der 2. Umkehrung.
In den Takten 30 und 51 wird jeweils ein **fis**'', **a**'' und **fis**''' zum D^7-Akkord der linken Hand gespielt.

Akkorde zu Princess

66

Übe zunächst die neuen Akkorde und danach die Melodie.

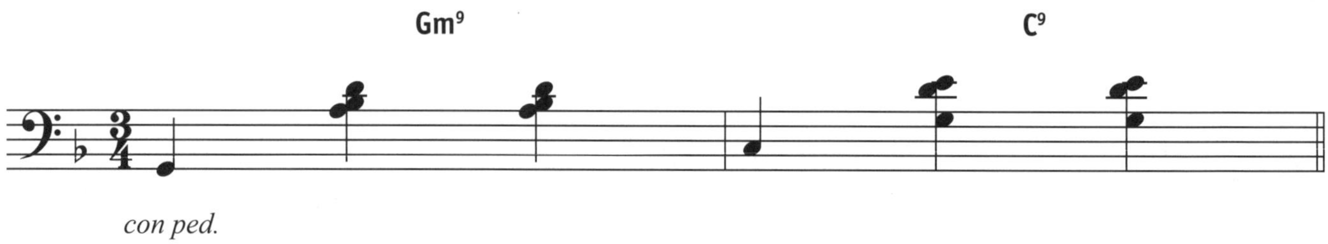

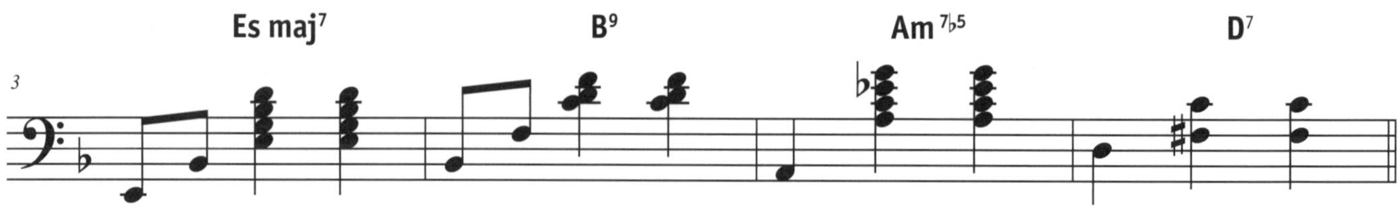

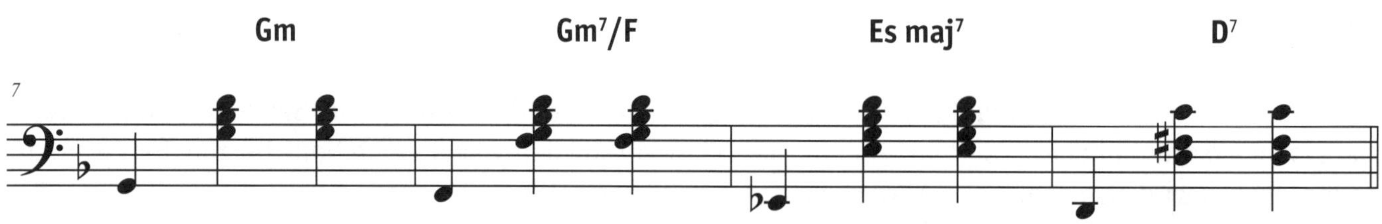

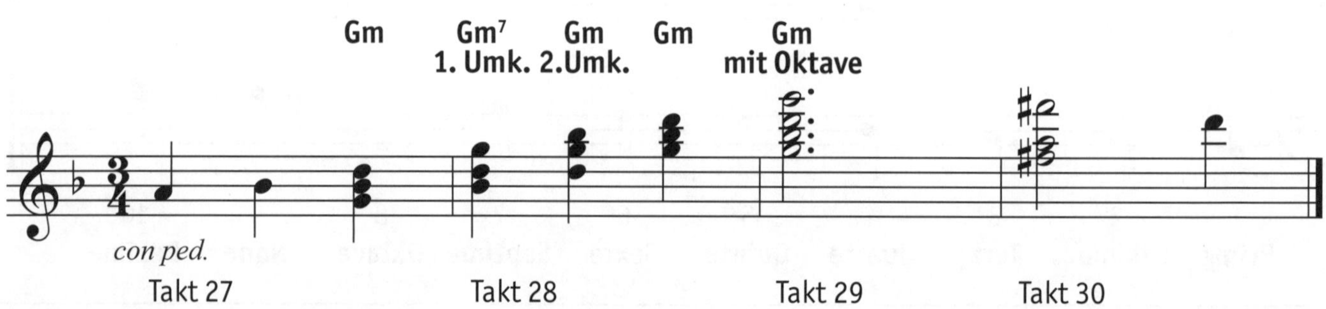

67

Princess

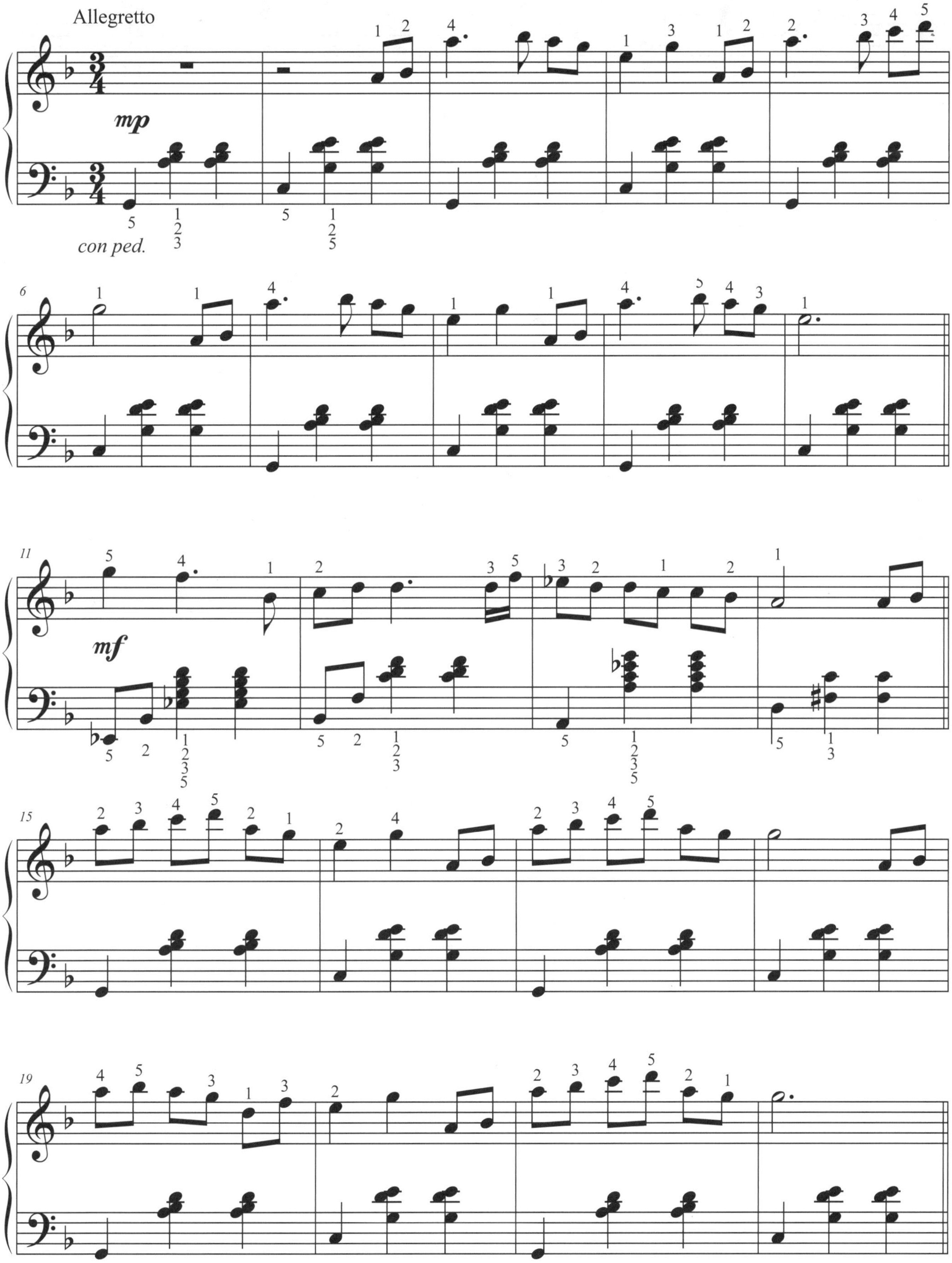

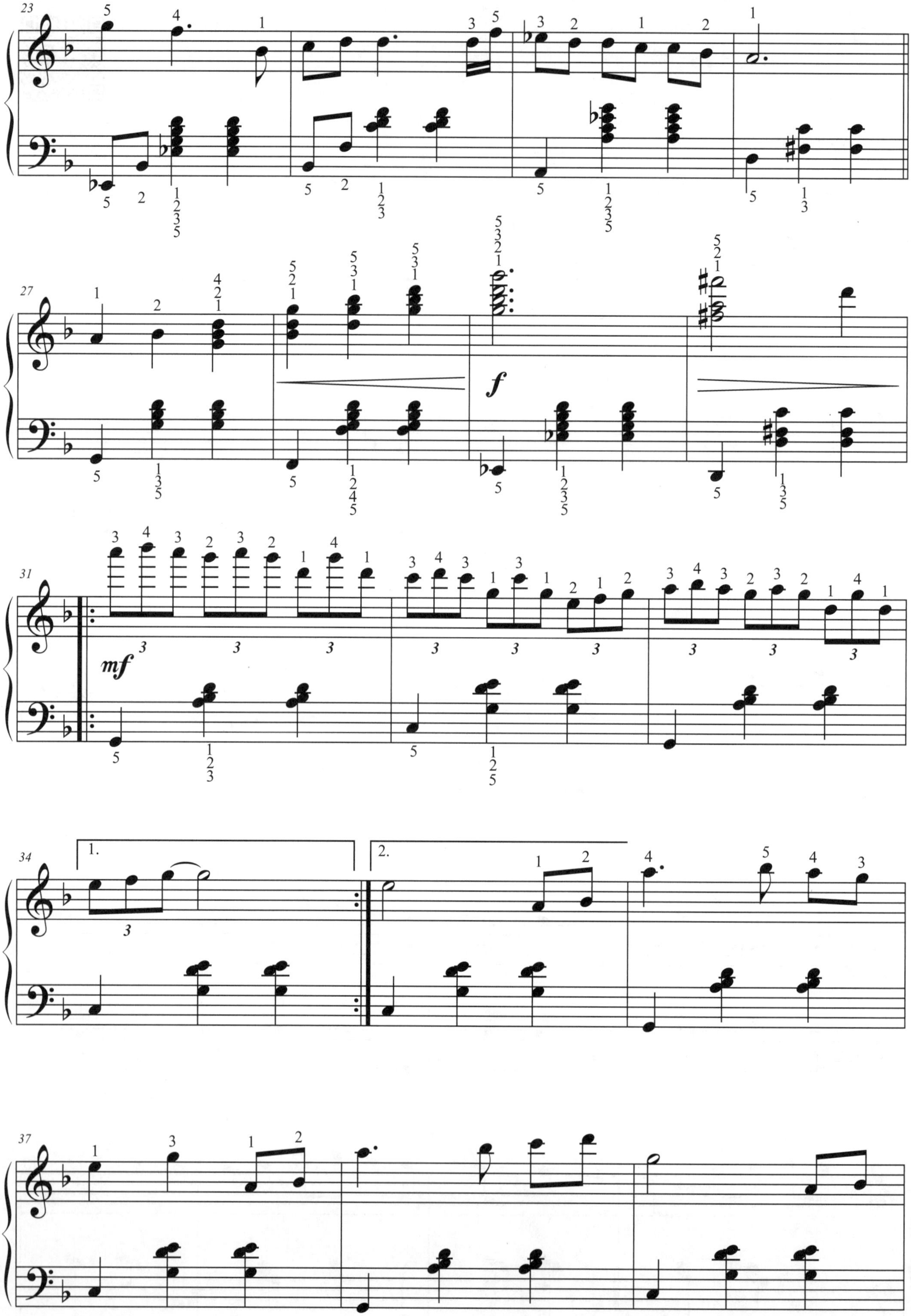
f
mf
1.
2.

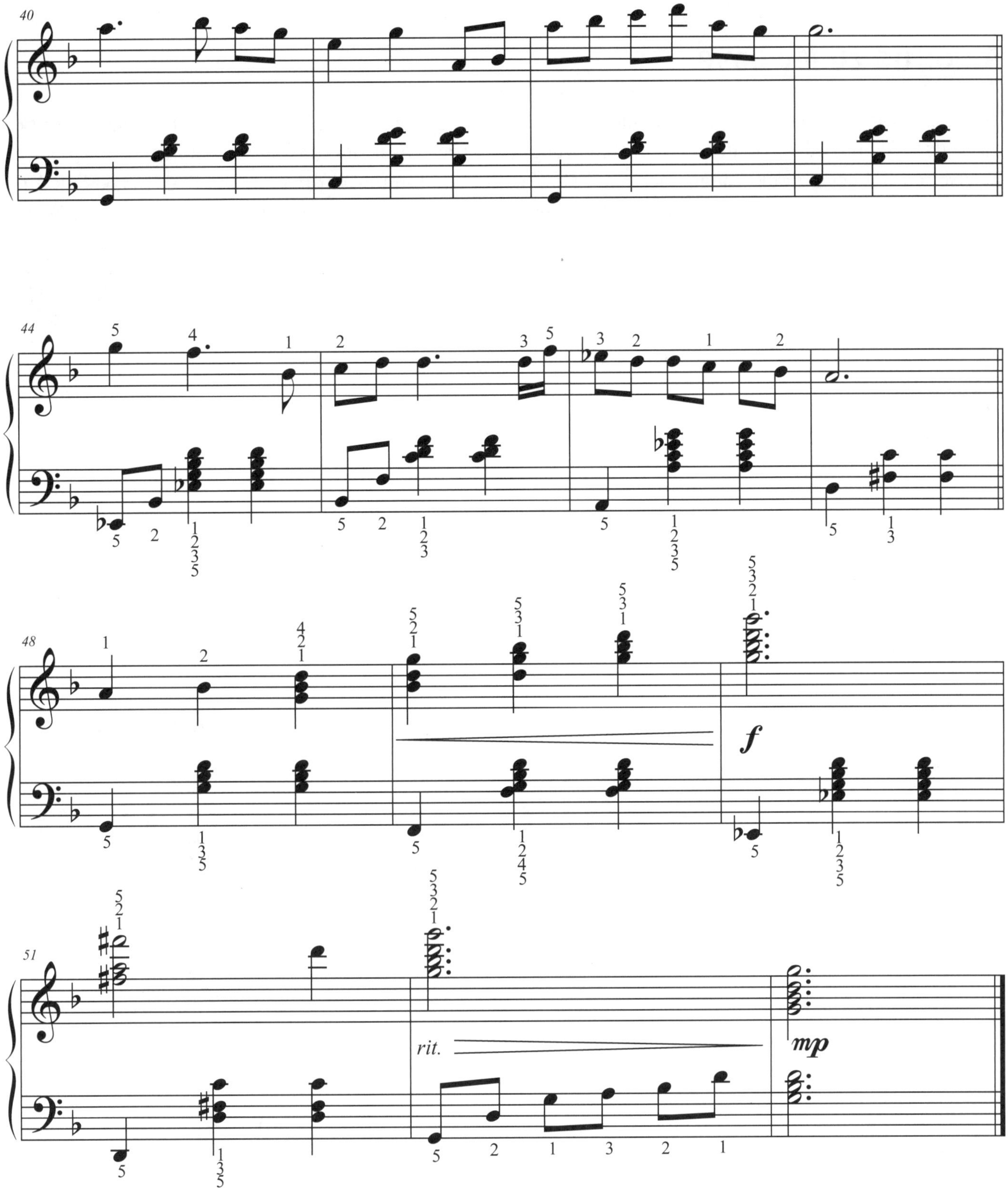

In Takt 31 wird im Violinschlüssel wieder eine Melodie im Bereich der oberen Hilfslinien gespielt. Zur besseren Orientierung und als Lernhilfe sind die Noten dieses Taktes mit ihrem Notennamen beschriftet. Die Note **b**''' auf der 5. Hilfslinie ist neu.

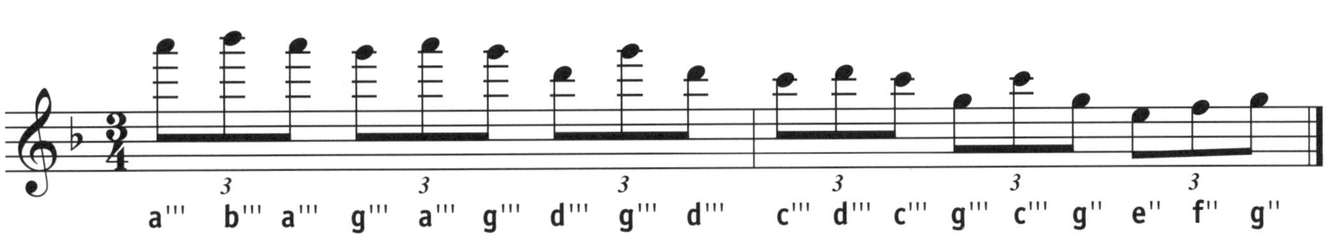

Akkorde zu My Love

Nun lernen wir noch weitere Akkorde kennen. Dem schon bekannten C-Moll Akkord folgen im nächsten Stück die neuen Akkorde C-Moll^7 in der dritten Umkehrung, der Akkord As major^7 und der G^7 Akkord.
Im zweiten Teil des Stückes folgen noch ein C-Moll^7 in der zweiten Umkehrung und ein F^7 Grundakkord. Am Ende des zweiten Teils und zum Schluss ist ein gebrochener C-Moll$^{7/9}$-Akkord zu spielen, also der C-Moll-Akkord mit kleiner Septime und None.

68

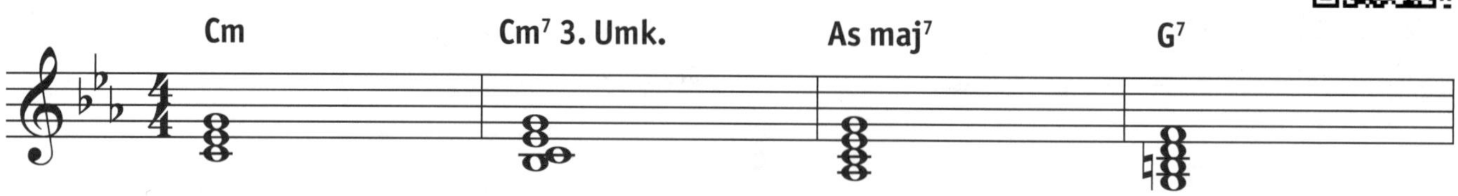

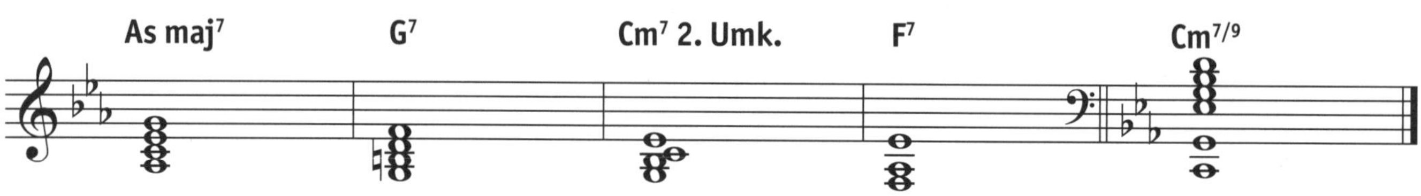

Cm^7-Akkord 3. Umkehrung

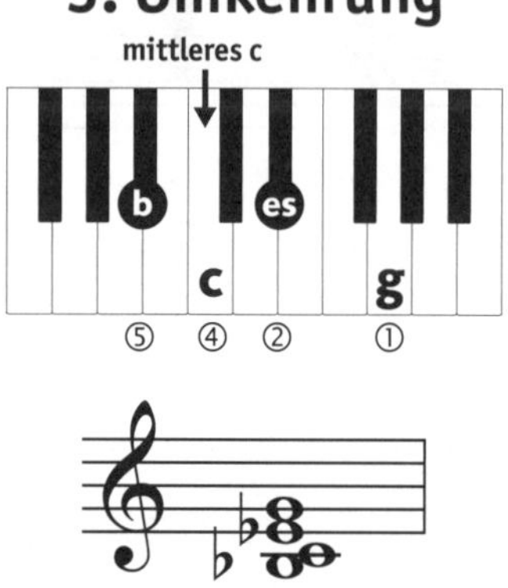

As maj^7-Akkord

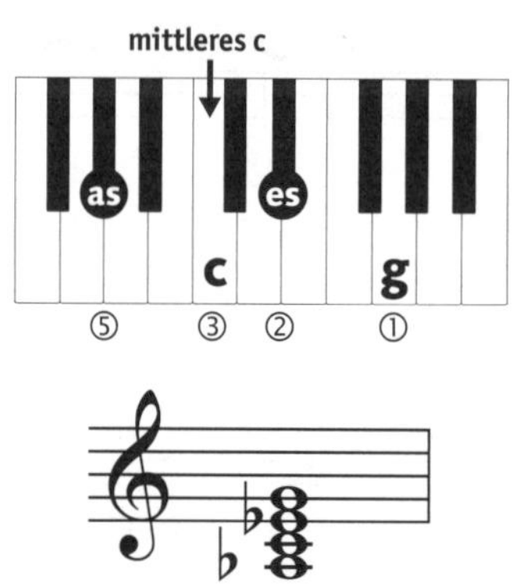

G^7-Akkord

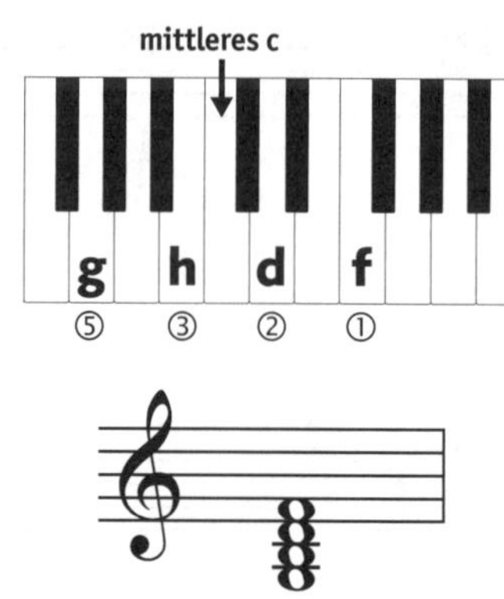

Cm^7-Akkord 2. Umkehrung

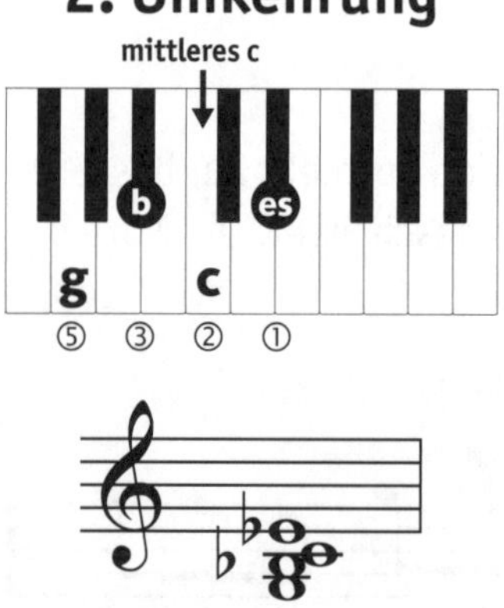

F^7-Akkord

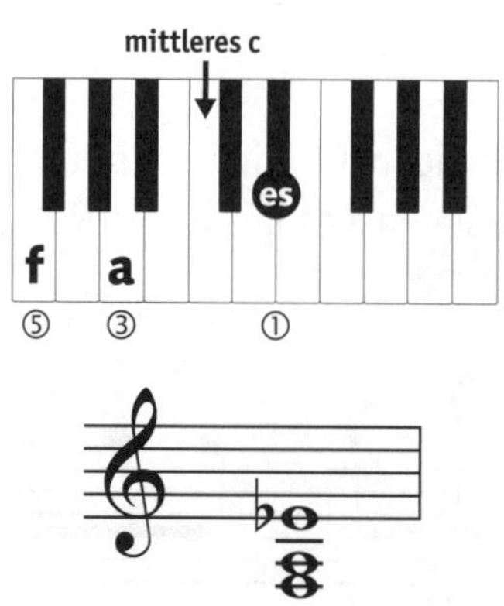

Cm$^{7/9}$-Akkord

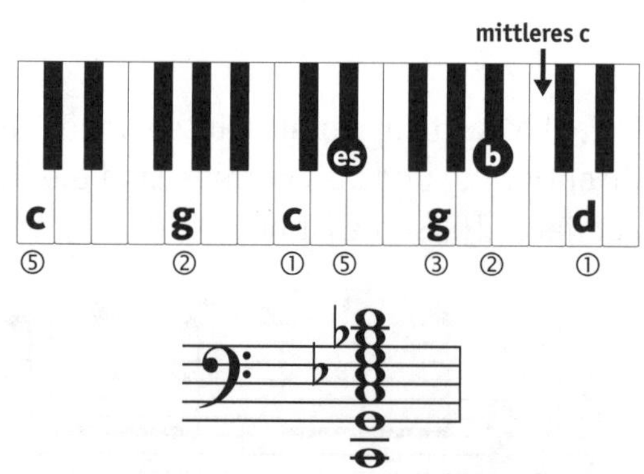

Im Stück ***My Love*** wird die Melodie im Swing-Rhythmus gespielt.
Die folgende Übung zeigt, wie die Melodie im Swing-Rhythmus zu zählen und zu spielen ist.
Übe die Noten der ersten Takte langsam und gleichmäßig zählend, bis du den Rhythmus beherrschst und ihn fühlen kannst. Danach kannst du die nächsten Takte leichter lernen.

69 Zählübung zu My Love

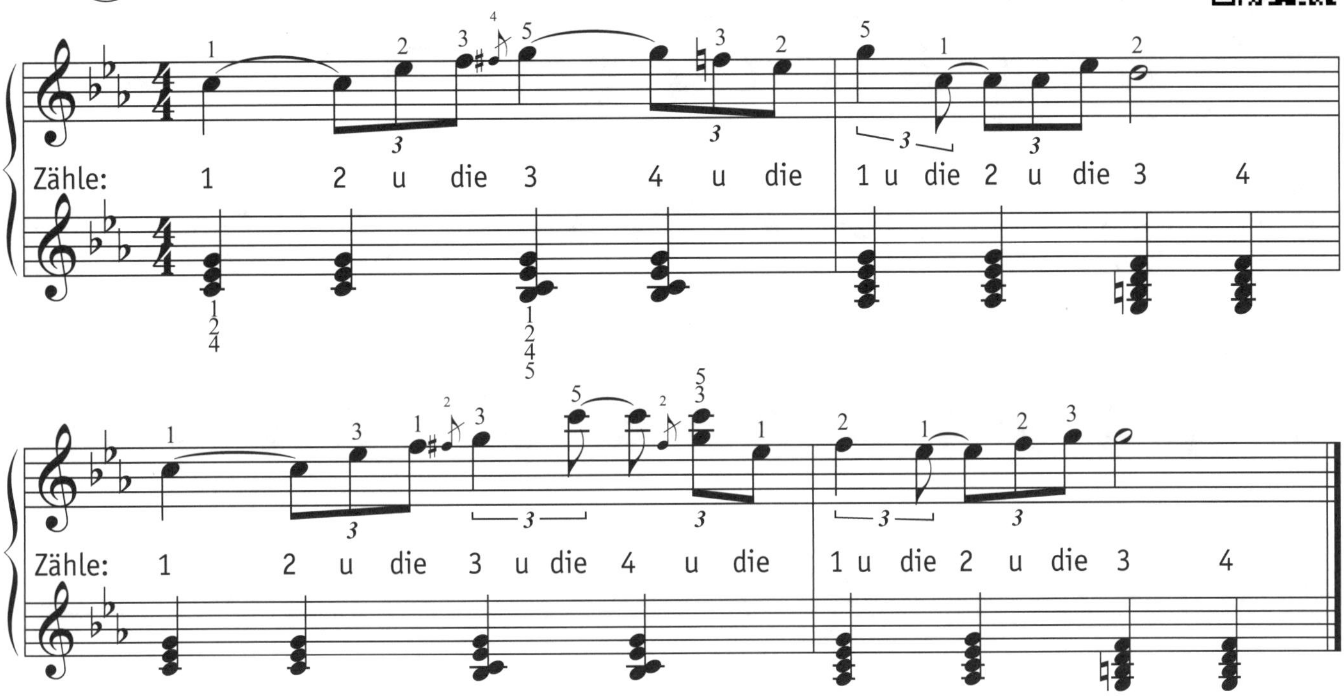

In dieser Übung werden die Takte 18 und 30 der linken Hand des Stückes ***My Love*** gespielt und gezählt. Die restlichen Takte des Songs sind rhythmisch einfach gestaltet.

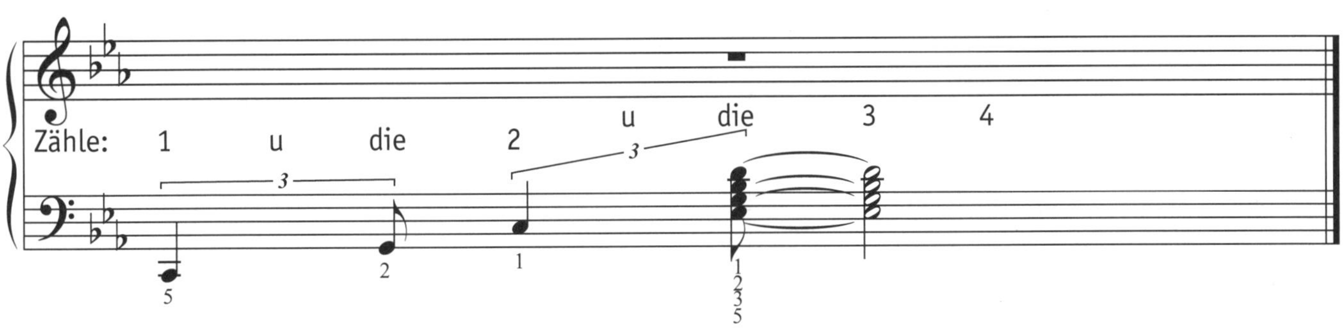

70

My Love

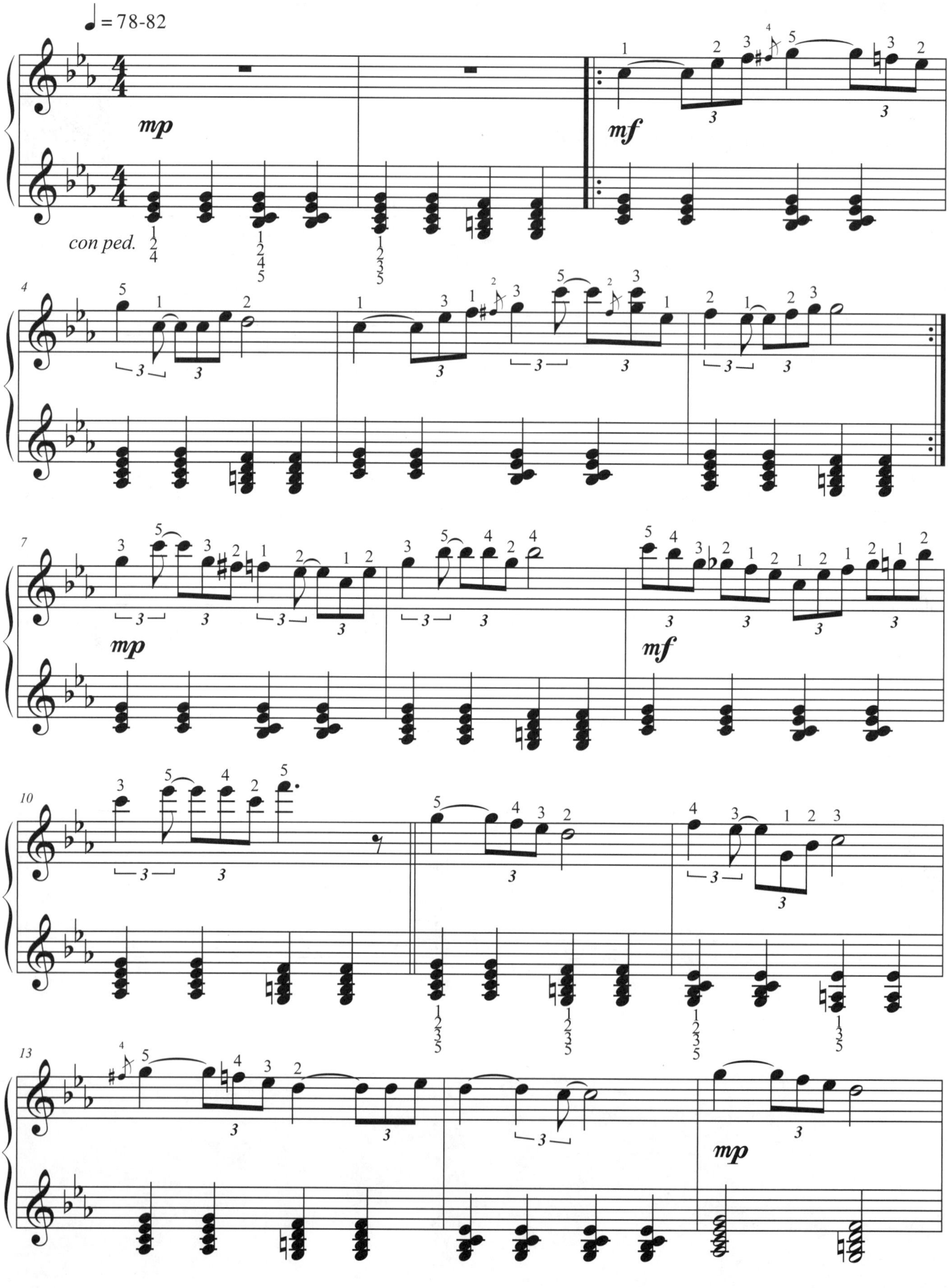

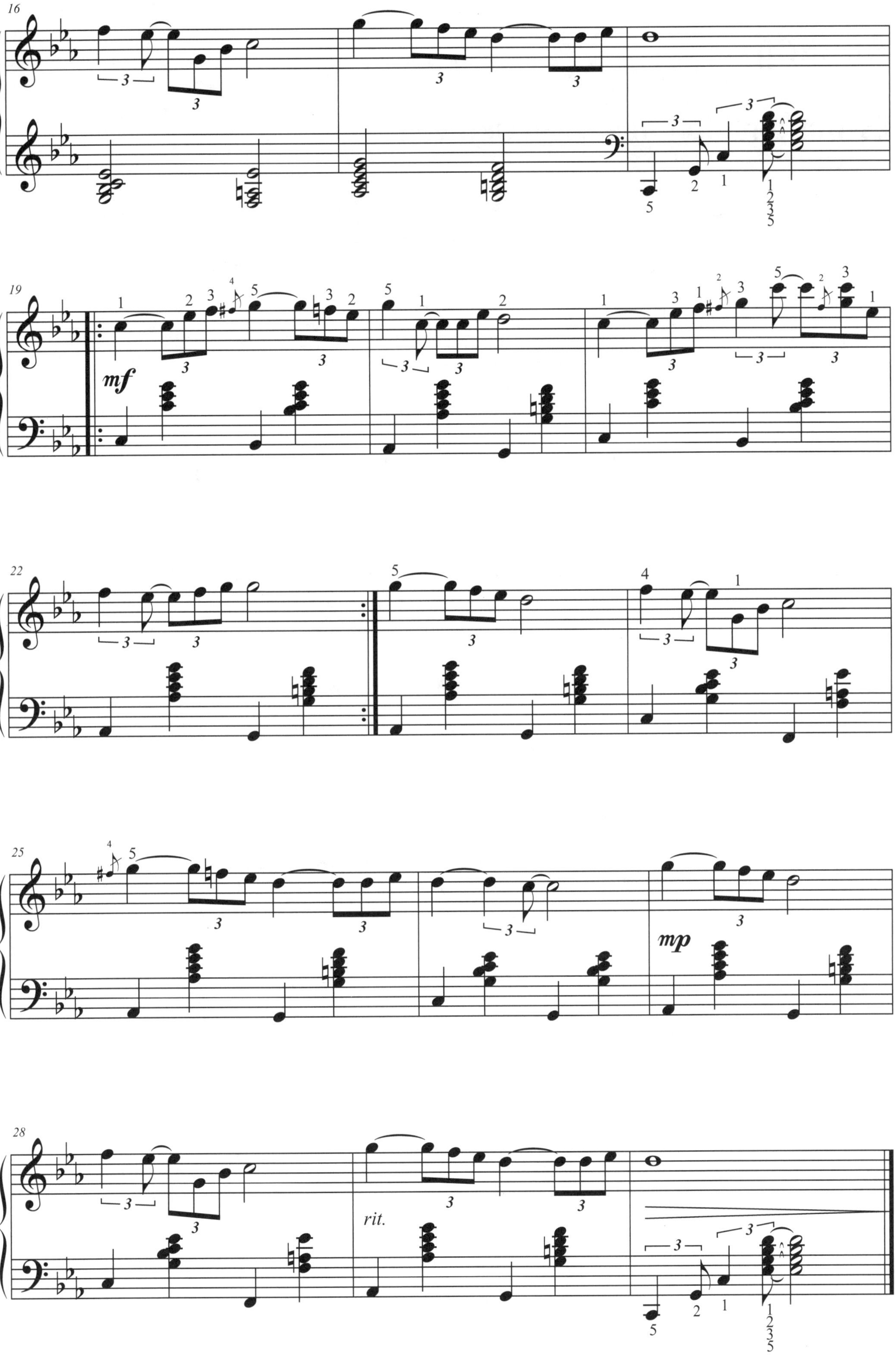
mf
mp
rit.

Anhang

Es-Dur Tonleiter über zwei Oktaven

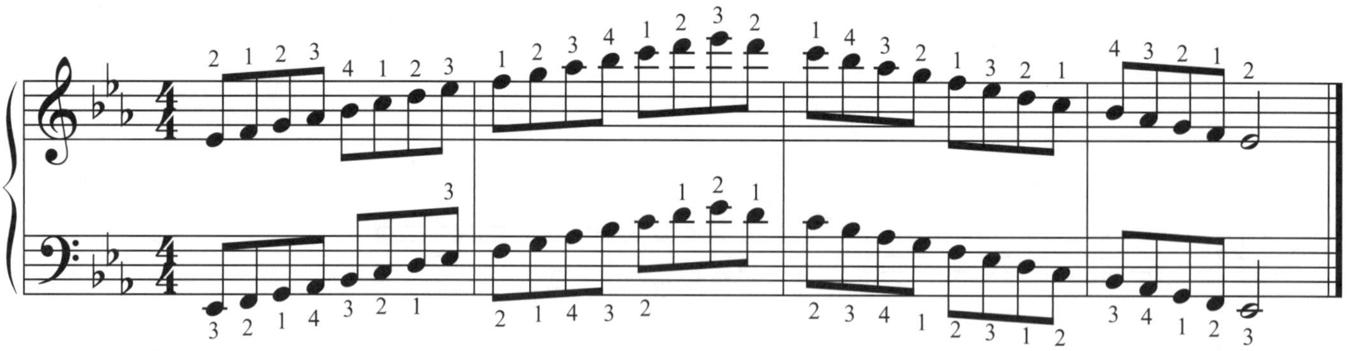

Natürliche, harmonische und melodische C-Molltonleiter

Natürliche Molltonleiter

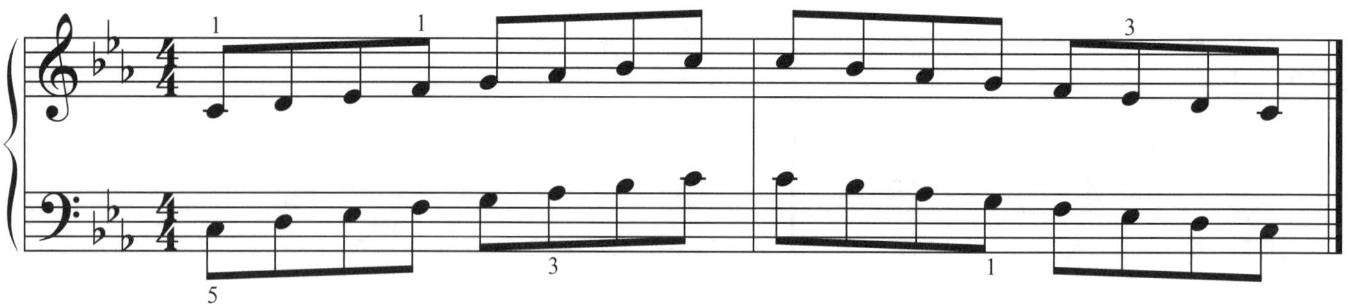

Harmonische Molltonleiter

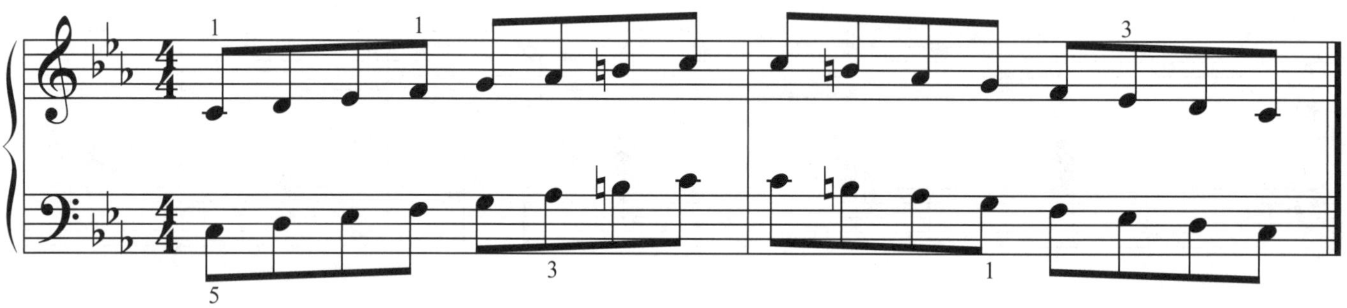

Melodische Moll-Tonleiter

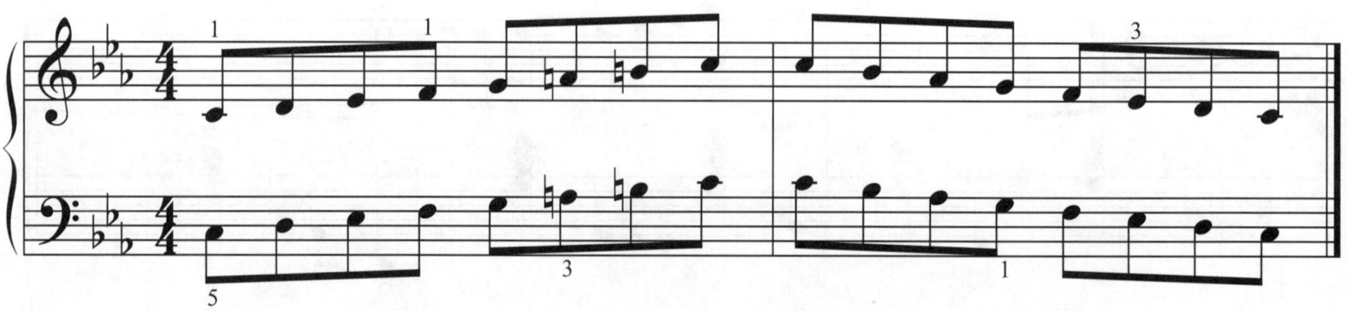

Die Akkorde in Es-Dur
(Diatonisches System Es-Dur)

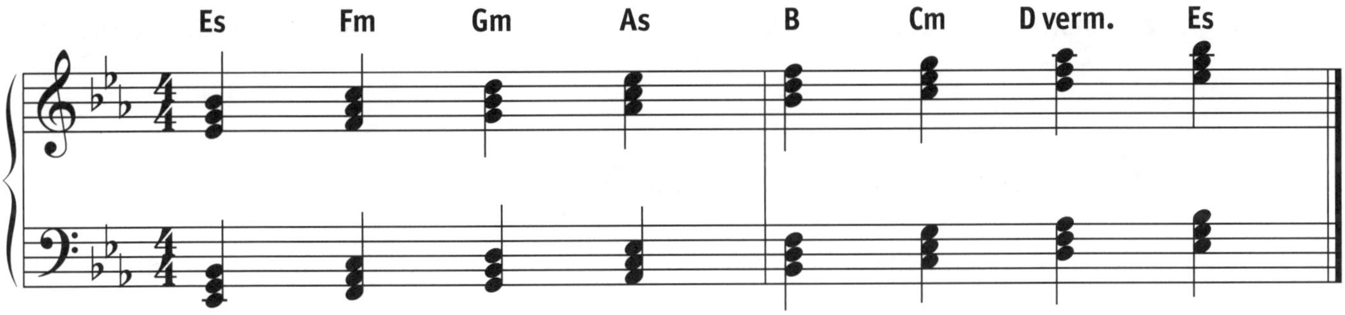

Die A-Dur Tonleiter über zwei Oktaven

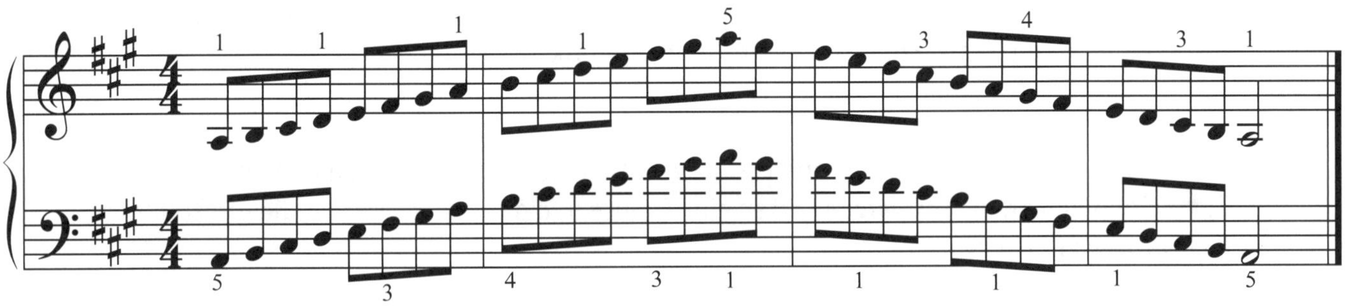

Die Akkorde in A-Dur
(Diatonisches System A-Dur)

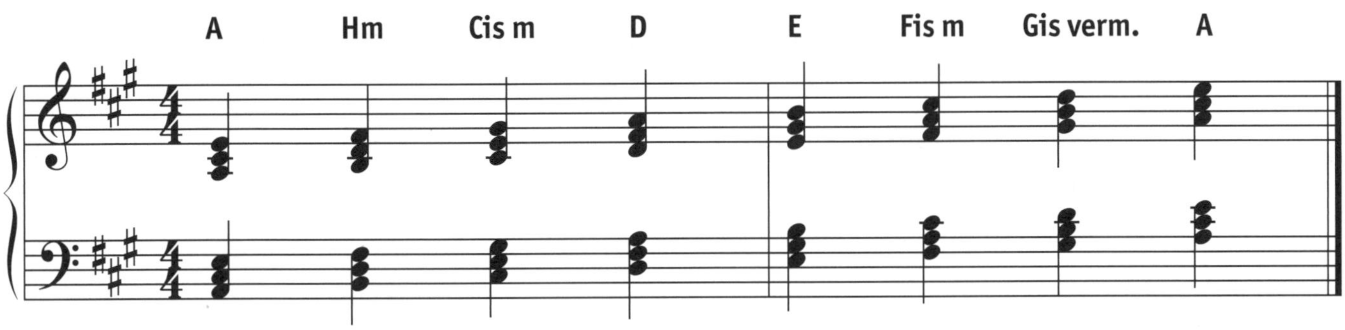

Die 12 Dur-Grundakkorde

Es gibt 12 Dur-Grundakkorde, denn man kann auf jedem der 12 Töne **c**, **d**, **e**, **f**, **g**, **a**, **h**, **cis** (**des**), **dis** (**es**), **fis** (**ges**), **gis** (**as**), **ais**(**b**) einen Dur-Grundakkord mit der Prime, der großen Terz und der Quinte spielen.

Die Griffbilder der 12 Dur Grundakkorde

Die 12 Dur-Grundakkorde lassen sich zur besseren Übersicht und optischen Wahrnehmung in vier Gruppen einteilen:

1. Die drei Akkorde C-Dur, F-Dur und G-Dur werden mit drei weißen Tasten gespielt (weiß - weiß - weiß).

2. Die drei Akkorde A-Dur, D-Dur und E-Dur bestehen aus zwei weißen Tasten und einer schwarzen Taste. Dabei ist die schwarze Taste die große Terz der Akkorde (weiß - schwarz - weiß).

3. Die drei Akkorde As-Dur, Des-Dur und Es-Dur bestehen aus zwei schwarzen und einer weißen Taste. Dabei bilden die schwarzen Tasten eine Quinte und die weiße Taste ist die große Terz (schwarz - weiß - schwarz).

4. Die drei optisch wahrzunehmenden Ausnahmen:

    a) der B-Dur Akkord besteht aus schwarzer Taste und zwei weißen Tasten (schwarz - weiß - weiß).

    b) der H-Dur Akkord besteht aus einer weißen Taste und zwei schwarzen Tasten (weiß - schwarz - schwarz).

    c) der Ges-Dur Akkord besteht aus drei schwarzen Tasten und ist der einzige Dur-Akkord der nur mit schwarzen Tasten gespielt wird (schwarz - schwarz - schwarz).

C-Dur-Akkord

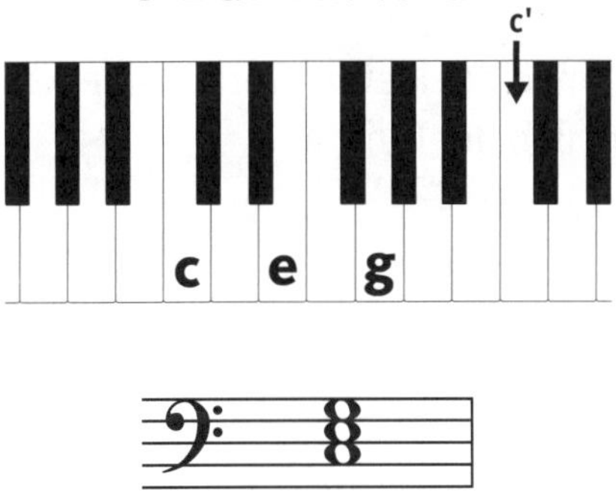

F-Dur-Akkord

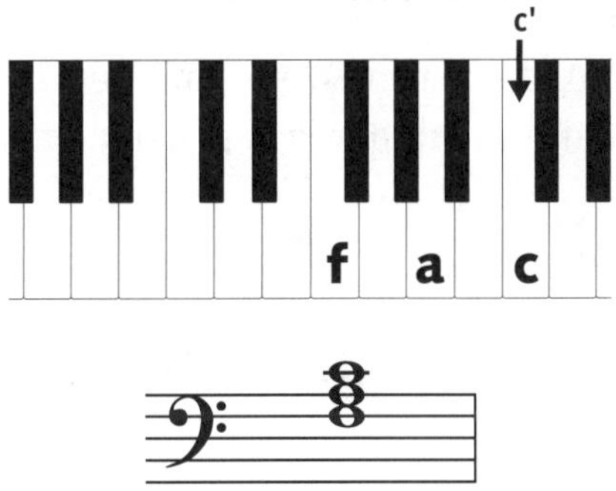

G-Dur-Akkord

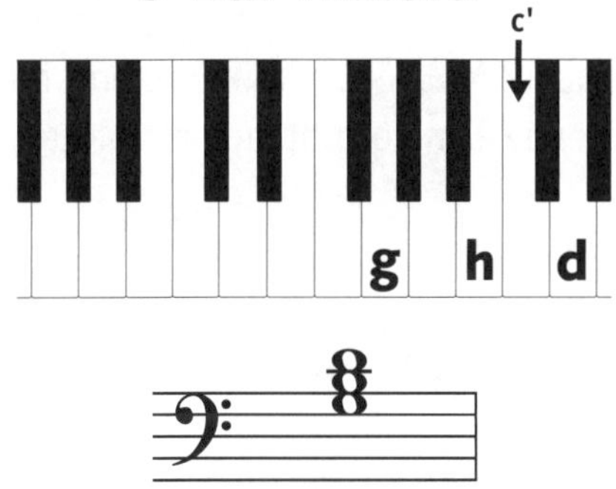

A-Dur-Akkord

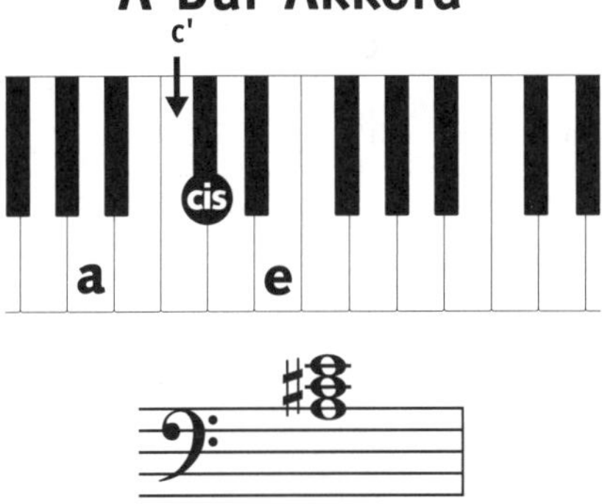

D-Dur-Akkord

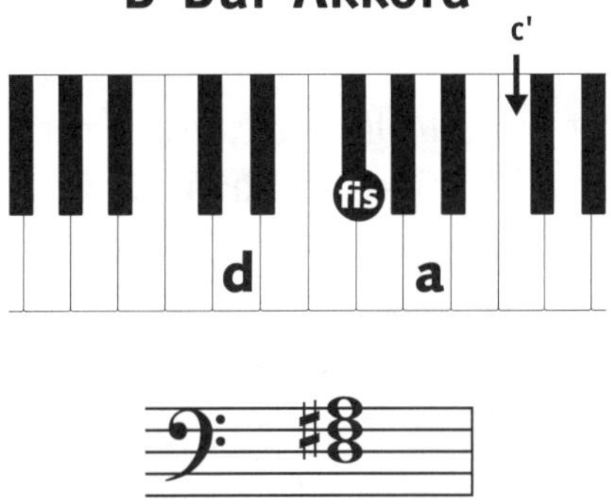

E-Dur-Akkord

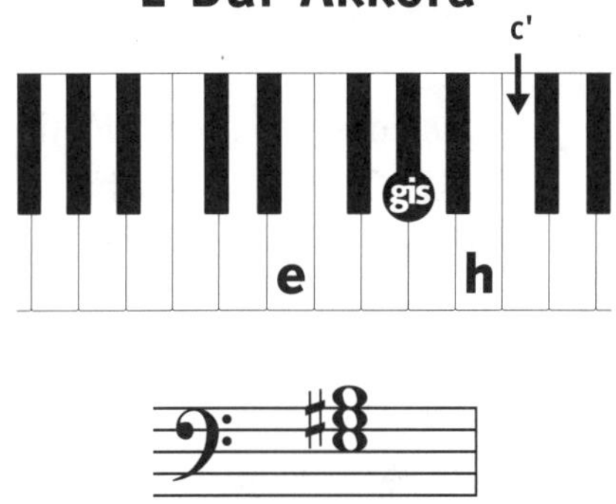

As-Dur-Akkord

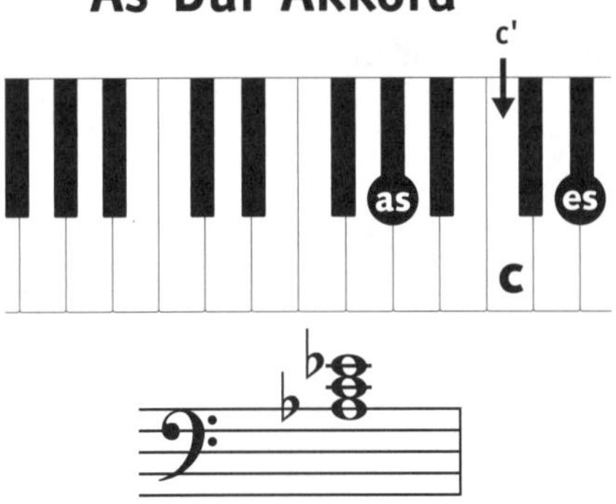

Des-Dur-Akkord

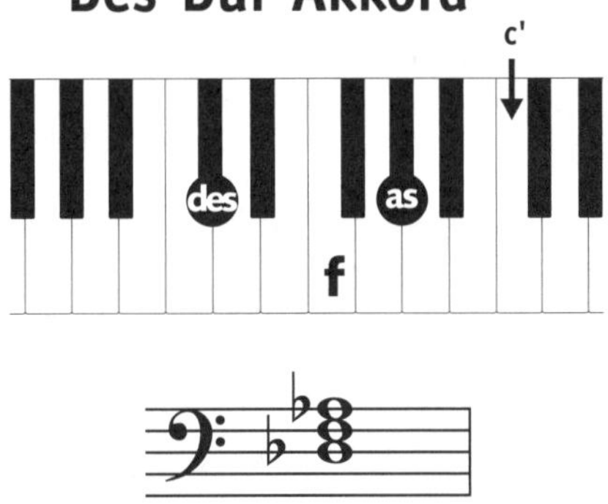

Es-Dur-Akkord

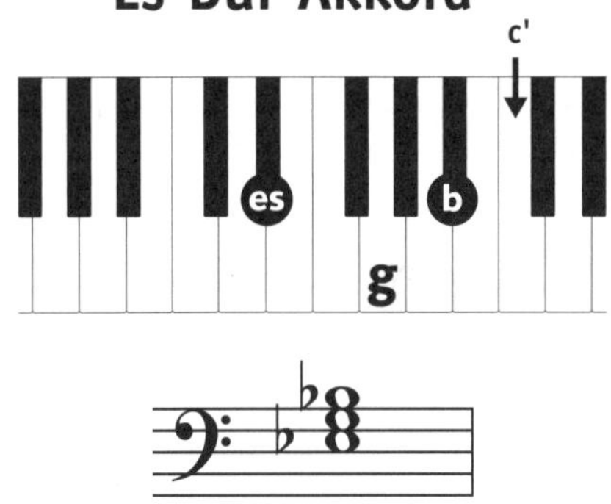

B-Dur-Akkord

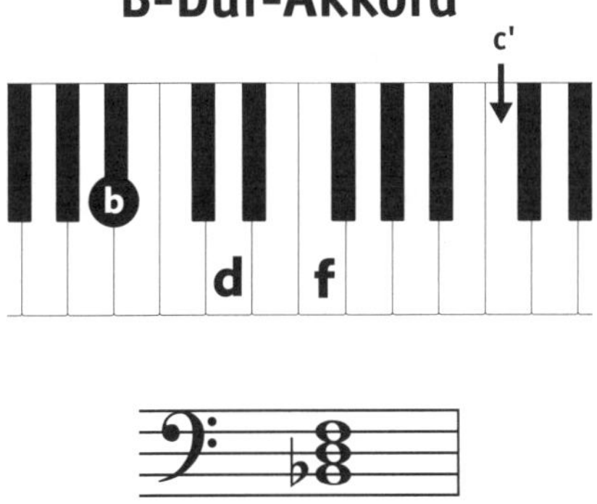

H-Dur-Akkord

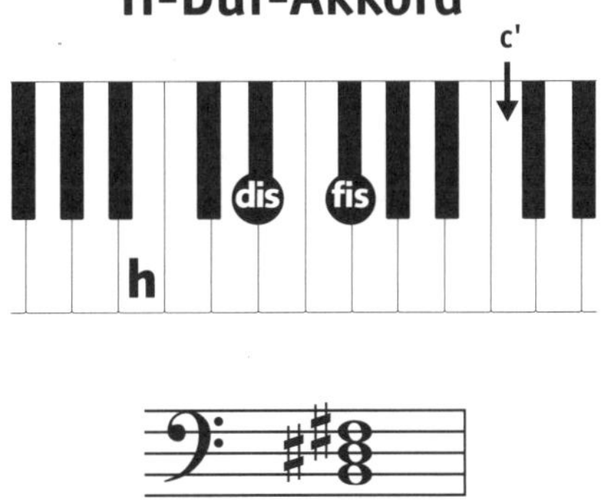

Ges-Dur-Akkord

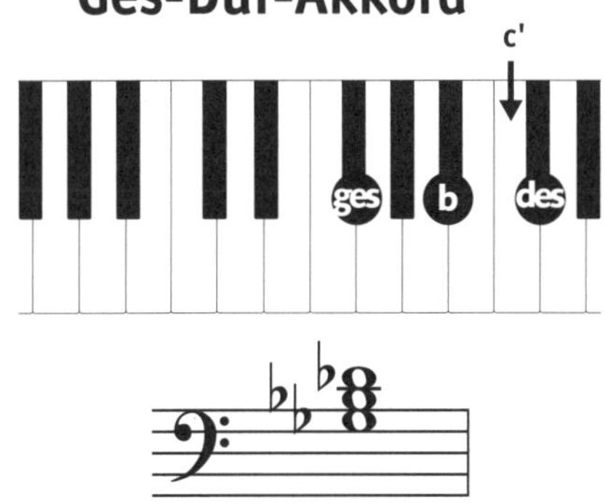

Die 12 Moll-Grundakkorde

Die 12 Moll-Grundakkorde entstehen auf die gleiche Weise, mit dem Unterschied der kleinen Terz. Auf jedem der 12 Töne ergibt sich ein Moll-Grundakkord mit der Prime, der kleinen Terz und der Quinte.

Die Griffbilder der 12 Moll-Grundakkorde

Die 12 Moll-Grundakkorde lassen sich ebenfalls in vier Gruppen einteilen:

1. Die drei Akkorde D-Moll, E-Moll und A-Moll werden mit drei weißen Tasten gespielt
(weiß - weiß - weiß).

2. Die drei Akkorde C-Moll, F-Moll und G-Moll bestehen aus zwei weißen Tasten und einer schwarzen Taste. Dabei ist die schwarze Taste die kleine Terz der Akkorde
(weiß - schwarz - weiß).

3. Die drei Akkorde Cis-Moll, Fis-Moll und Gis-Moll bestehen aus zwei schwarzen Taste und einer weißen Taste. Die weiße Taste ist jeweils die kleine Terz der Akkorde
(schwarz - weiß - schwarz).

4. Die drei optisch wahrzunehmenden Ausnahmen:

a) Der B-Moll Akkord besteht aus zwei schwarzen Tasten und einer weißen Taste
(schwarz - schwarz - weiß).

b) Der H-Moll Akkord besteht aus zwei weißen und einer schwarzen Taste
(weiß - weiß - schwarz).

c) Der Es-Moll Akkord wird mit drei schwarzen Tasten gespielt und ist der einzige Moll-Akkord der aus drei schwarzen Tasten besteht
(schwarz - schwarz - schwarz).

D-Moll-Akkord

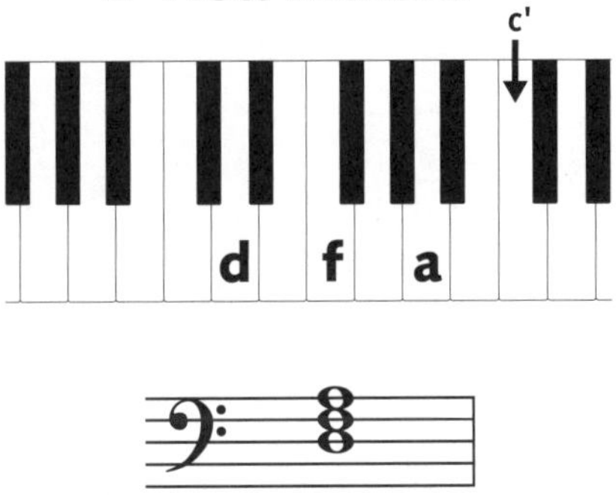

E-Moll-Akkord

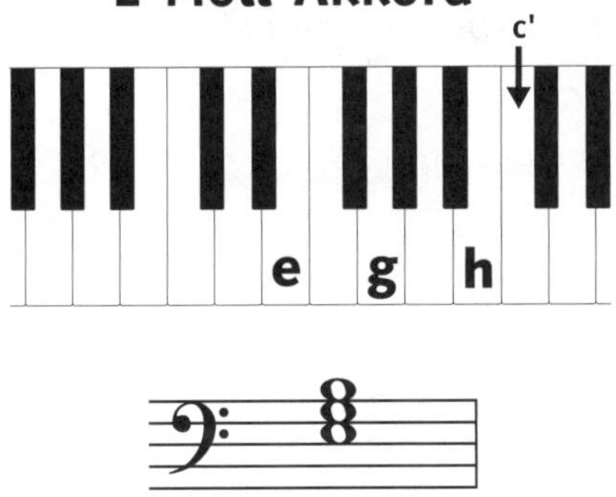

A-Moll-Akkord

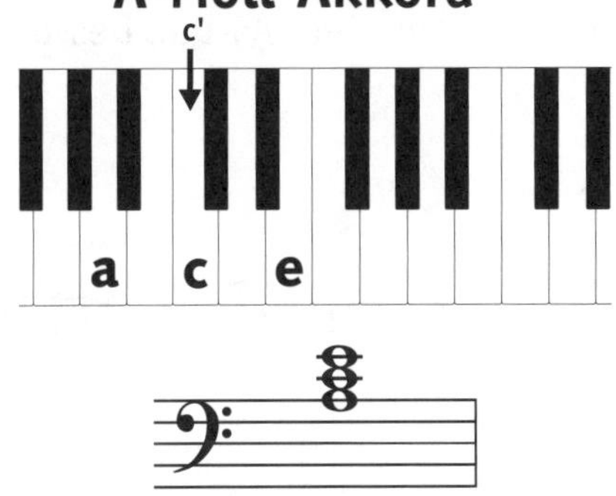

C-Moll-Akkord

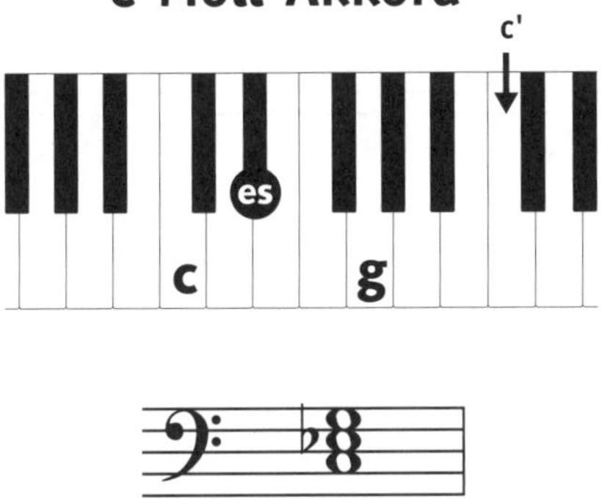

F-Moll-Akkord

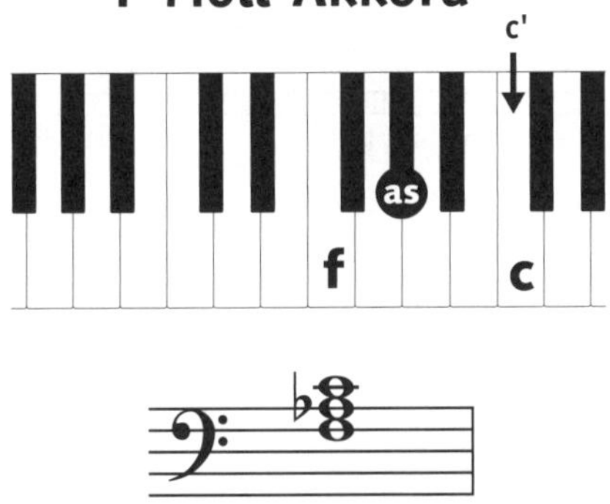

G-Moll-Akkord

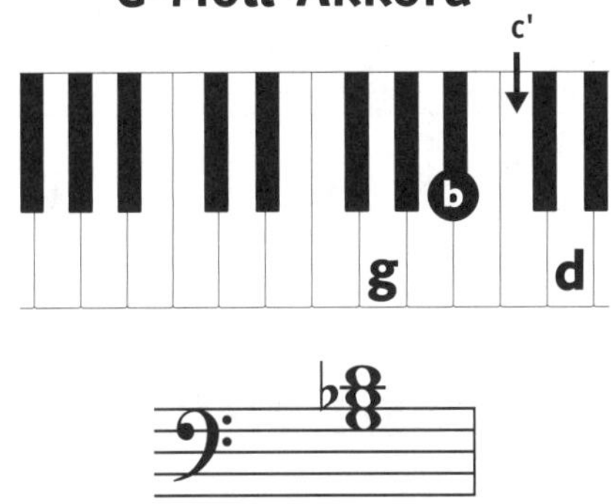

Cis-Moll-Akkord

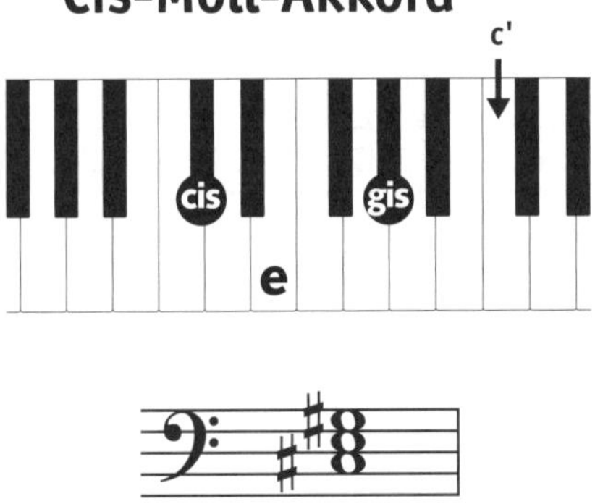

Fis-Moll-Akkord

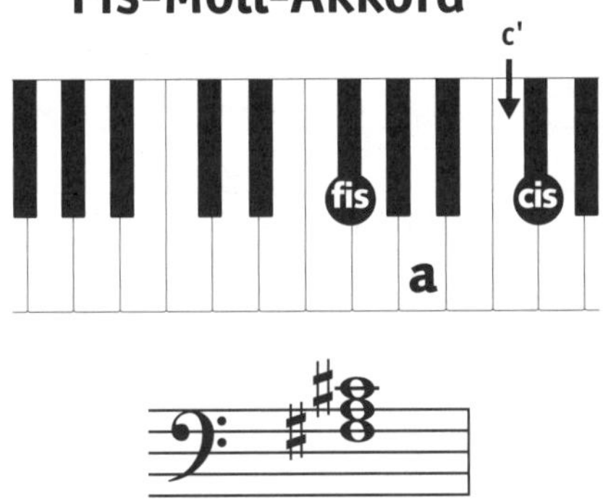

Gis-Moll-Akkord

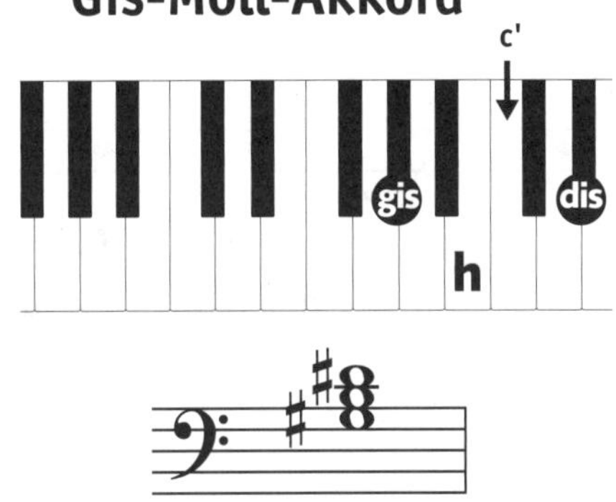

B-Moll-Akkord

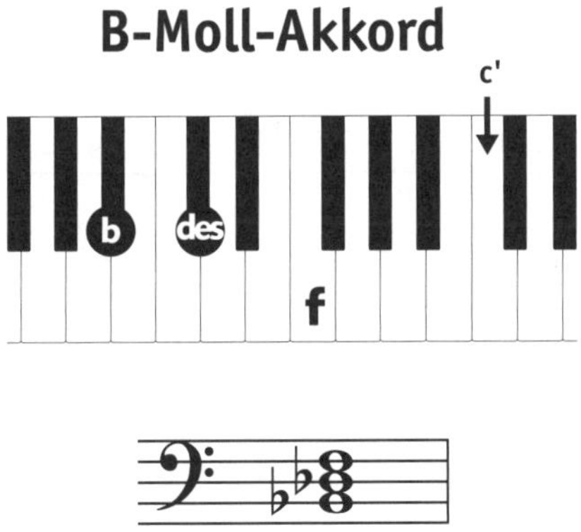

H-Moll-Akkord

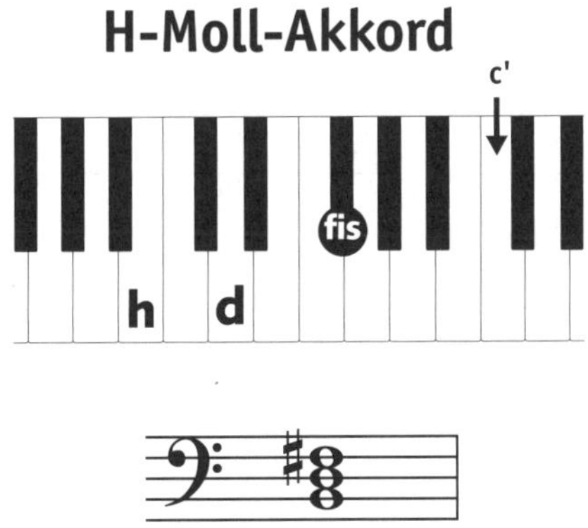

Es-Moll-Akkord

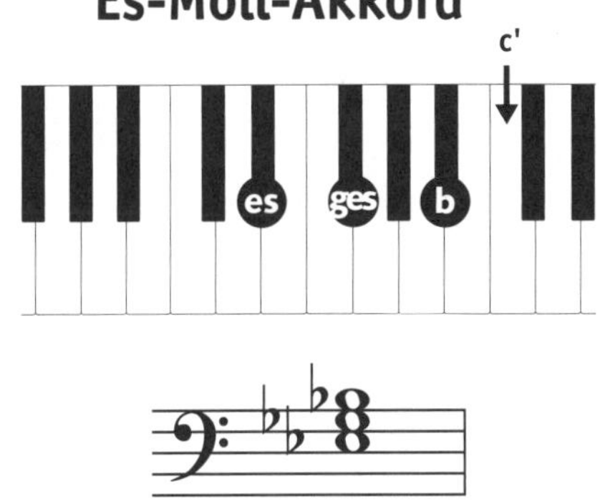

Da im Stück ***Black Keys*** der Ton **ces** angesprochen wurde, sind hier die noch nicht behandelten B-Dur-Tonarten, die Dur-Tonleitern As-Dur, Des-Dur und Ges-Dur aufgeführt.

Die As-Dur-Tonleiter

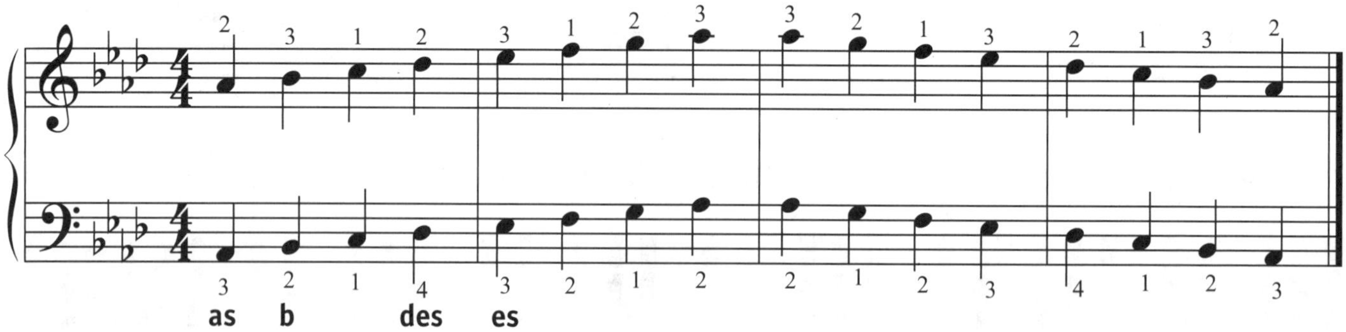

Die Des-Dur-Tonleiter

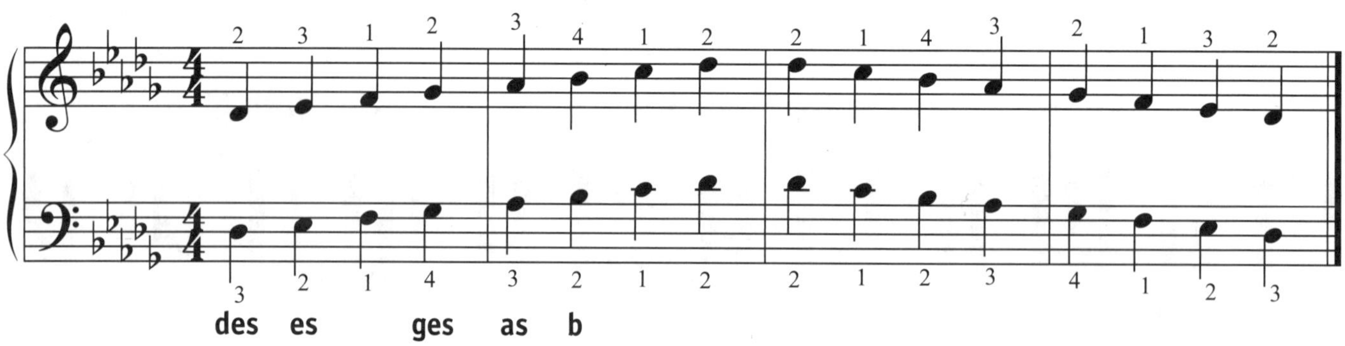

Die Ges-Dur-Tonleiter

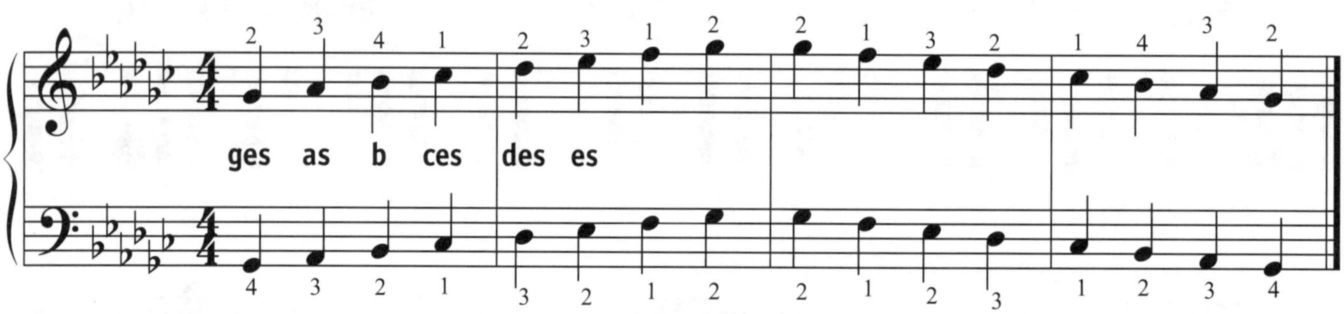